실전 기도

실전 기도

지은이 · 강은혜
초판 발행 · 2015. 3. 23
5쇄 발행 | 2018. 9. 15
등록번호 · 제3-203호
등록된 곳 · 서울특별시 용산구 서빙고로 65길 38
발행처 · 사단법인 두란노서원
영업부 · 2078-3352 FAX 080-749-3705
출판부 · 2078-3331

책 값은 뒤표지에 있습니다.
ISBN 978-89-531-2191-1 03230

편집부에서 독자의 의견을 기다립니다.
tpress@duranno.com http://www.Duranno.com

두란노서원은 바울 사도가 3차 전도여행 때 에베소에서 성령 받은 제자들을 따로 세워 하나님의 말씀으로 양육하던 장소입니다. 사도행전 19장 8-20절의 정신에 따라 첫째 목회자를 돕는 사역과 평신도를 훈련시키는 사역, 둘째 세계선교(TIM)와 문서선교(단행본·잡지) 사역, 셋째 예수문화 및 경배와 찬양 사역, 그리고 가정 · 상담 사역 등을 감당하고 있습니다. 1980년 12월 22일에 창립된 두란노서원은 주님 오실 때까지 이 사역들을 계속할 것입니다.

실전기도

무릎으로 하는 승리

강은혜 지음

추천사

기도의 깊은 은혜로 들어가십시오

기도란 지상에서 가장 섬세한 언어로 하나님을 만나는 일입니다. 그래서 실제 기도해 보지 않고는 기도를 알 수 없고, 그 영적인 세계가 무엇인지 설명할 수 없습니다.

여기에는 많은 지식이나 언어적 능력보다는 투명한 영혼의 정직함이 더욱 요구됩니다. 기도를 통해 하나님을 만나며 깊은 친밀감을 누리는 사람들의 공통적인 특징은 정직하고 투명한 영혼의 소유자라는 것입니다. 탁월한 지성과 인간관계의 능력이 있다고 할지라도 보이지 않는 하나님 앞에서의 투명한 영혼의 몸부림이 없다면 하나님의 살아계심을 체험할 수 없습니다.

많은 성도가 기도를 배우고 싶어서 그에 관한 여러 책을 읽지만 도저히 기도가 무엇인지 알 수 없었다고 합니다. 그래서 "하나님, 어떻게 기도하는지 모르겠습니다. 가르쳐 주십시오!" 하고 무릎 꿇는 순간 기도가 무엇인지를 깨달았다는 말이 있습니다. 이처럼 기도는 해야만 배울 수 있습니다.

그런 의미에서 강은혜 목사님의 《실전기도》는 매우 중요한 책입니다. 강 목사님이 기도의 사람이기 때문입니다. 기도를 가르쳐 주는 책은 본래 기도에 '관하여' 논하는 책이 아니라 함께 무릎 꿇고 기도하게 '만드는' 책이어야 합니다. 이를 위해서는 오랜 시간을 실제 기도하고 중보하면서 많은 이들을 기도 가운데 이끌고 있는 영혼의 사역자가 쓰는 책이어야 합니다.

이 책에서 강 목사님은 성경적 증거, 역사적 예화, 개인의 체험을 하나로 묶어 섬세한 기도의 언어들을 쉽고 정확하게 풀어냈습니다. 이 책을 읽는 동안 기도의 깊은 은혜에 젖어 들어갈 것이며, 머리가 아닌 마음이 하나님께로 가까이 가는 경험을 하게 될 것입니다.

이재훈(온누리교회 담임목사)

contents

프롤로그

최근 TV에서 여자 연예인들이 군대에 입소하여 좌충우돌 훈련받는 모습을 그린 프로그램을 보았다. 여리고 눈물 많던 그녀들이 훈련의 시간을 더해 갈수록 육신뿐만 아니라 정신력까지도 강인해지는 모습을 보면서 문득 이런 생각이 들었다. '영적인 야성을 잃어버려 너무나 유약해진 현대 그리스도인들이 저렇게 강인한 군사로 세워질 수 있다면 얼마나 좋을까?'

예수님은 우리를 주님의 제자로, 그리고 용사로 부르셨다. 천국행 티켓을 위로 삼아 그저 세상과 적당히 타협하고 겨우 자신의 안전만을 살피며 생존하는 수준에 만족하면서 살도록 우리를 부르시지 않았다.

초대교회 때는 예수님을 믿는 것이란 죽음을 각오하는 일이었고, 지금도 예수 믿는 것 하나로 순교를 각오해야 하는 나라를 찾기란 그리 어렵지 않다. 그러나 지금 대한민국은 하나님의 은혜로 이런 핍박과 고난에서 면제되는 복을 받았다. 그럼에도 불구하고 한국교회는 거대한 골리앗 같은 세상, 폭풍처럼 밀려오는 세상 풍조 속에서 그리스도인이 믿음을 지키는 것은 물론 세상의 선한 영향력을 끼치며 살 수 있는가에 대한 명확한 답을 제시하지 못하고 있다. 심지어 신촌가 대학생들 중 단 4퍼센트만이 교회에 출석하고 있다는 조사 결과가 있을 정도로 한국교회는 참혹한 현실에 직면해 있다. 그뿐인가. 불과 10년 전만 해도 은혜가 있는 곳이라면 앉을 자리 없이 꽉 차던 예배당에 이제는 설교자의 메아리 소리가 구슬프게 들릴 정도로 공석이 많다.

밖으로는 그리스도의 교회를 향한 세상의 조롱과 안으로는 성도들의 안주와 나태, 그리고 이기심으로 한국교회는 점점 나약해지고 있고 정화 기능마저 상실해 가고 있다. 시대적인 정황이나 민족적인 상황을 보면 성경에서 예언한 종말적 양상이 점점 더 뚜렷해지고 있는 것이다. 그럼에도 불구하고 세례 요한처럼 회개를 촉구하는 원색적인 복음과 엘리야와 같이 심령을 찢는 간절한 기도, 여호수아와 갈렙과 같이 믿음의 설득력을 가지고 이 민족을 깨우는 영혼의 울림은 점점 희미해져만 간다. 이 같은 현실은 나의 마음을 더욱 아프게 한다.

늦깎이 목사의 한 사람으로서 시대적 소명 앞에 내가 할 수 있는 일이 무엇인지 많은 시간 고민하며 기도해 왔다. 수년간 기도사역을 섬기면서 영적으로 잠든 성도들을 깨워 함께 기도할 때 그들이 주님의 제자로 우뚝 서 빛을 발하는 놀라운 간증들을 접할 수 있었다. 기도의 불로 내면의 어두움을 태울 때 주님의 빛이 임하기 시작하면서 치유와 회복을 경험하게 되는 것이다. 그리고 이런 기도의 능력을 체험한 성도들은 믿음을 가지고 가정과 사회 그리고 민족을 위해 기도하는 놀라운 용사로 거듭나는 것을 볼 수 있었다. 이렇게 기도사역을 통해서 그리고 나의 개인적인 기도의 삶을 통해서 내린 결론은 '기도만이 우리가 살 길'이라는 것이었다.

그리스도인이라면 누구나 영적으로 깨어 있으며 살아 있는 믿음을 가지고 간증이 있는 신앙생활을 하기를 갈망할 것이다. 그런데 성경에서는 영적으로 깨어 있는 것과 기도하는 것을 사실상 같은 맥락으로 본다. 깨어 있기 위해서는 기도해야 하고, 기도하기 위해서는 깨어 있어야 한다는 말이다. 물이 부족하면 식물이 죽는 것처럼 참된 하나님의 일도 기도가 부족하면 부패하거나 아무 열매 없이 끝나 버릴 수 있기 때문이다.

에드워드 바운즈(Edward Bounds)는 "돈이 없어 가난해도, 세상의 조롱과 핍박에 시달려도, 문화와 사회의 냉대에 직면해도 교회는 기도만 있으면 승리의 진군을 계속하여 결국 최후의 승리를 거둘 수 있다. 그러나 기도하는 사람이 없으면 교회는 가장 약한 적도 물리칠 수 없고, 주님을 위한 승리의 트로피를 결코 들어 올릴 수 없다"고 말했다.

말씀은 기름, 가스, 목재와 같은 연료에 종종 비유된다. 생명의 에너지를 만들어 내는 자원이 말씀인 것이다. 그런데 이 말씀이 에너지화 되려면 점화시킬 불이 있어야 한다. 이 불꽃의 역할을 하는 것이 바로 기도다. 말씀이 살아 운동력 있는 능력이 되기 위해서는 우리의 영혼 안에 기도의 불이 항상 붙어 있어야 한다.

그러나 현대의 많은 그리스도인들은 기도가 부족해서 영적으로 병약한 상태에 놓여 있다. 살면서 부딪치는 크고 작은 문제에 짓눌려 영적 분별력을 잃어버리고 무능력하게 살아가는 것이다.

건강한 몸을 만들기 위해서는 적절한 다이어트가 필요하듯 건강한 성도가 되기 위해서는 영적 다이어트가 필요하다. 영적 다이어트는 기도에서 시작된다. 기도의 불로 영적 지방을 태울 때 우리는 영적 건강을 되찾게 될 것이며 거룩하고 능력 있는 주의 용사로 빛을 발하게 될 것이다.

나는 여러 해 기도사역을 인도하면서 많은 성도가 기도의 필요를 알고 있고 다른 사람들을 위한 중보기도에도 열심이지만, 정작 기도의 능력과 영적 원리를 이해하지 못하고 있음을 발견했다. 막연하게 기도가 중요하다는 것과 기도가 필요하다는 것을 알지만, 기도의 실체를 알지 못해서 기도 응답에 대한 확신도 없이 중언부언하는 기도를 반복한다는 것도 알았다.

과학에는 많은 법칙이 있다. 그중 '만유인력의 법칙'을 간단히 설명하자면 질량을 가진 물체들 사이에는 서로 끌어당기는 힘이 존재한다는 것이다. 지구와 달 사이에도 만유인력이 존재하는데, 이런 원리 때문에 달의 인력으로 지구에 밀물, 썰물 현상이 나타나고, 우리는 중력의 영향을 받아 지상에서 안전하게 걸어 다니며, 모든 물체는 위에서 아래로 떨어지는 것이다.

기도하는 사람들은 기도에도 이와 같은 법칙이 있다는 사실을 안다. 하나님 나라는 기도에 의해서 움직인다. 기도야말로 천사와 사탄이 존재하는 영적 세계에 강한 영향력을 줄 수 있다.

노벨 생리의학상을 수상한 의사 겸 과학자 알렉시 카렐(Alexis Carrel)은 "기도는 지구의 중력만큼이나 실제적인 힘이다. 기도는 이른바 세상에서 자연법칙을 극복할 수 있는 유일한 힘이다"라고 말했다.

우리가 기도하지 않으면 하나님께서 우리에게 주시려는 도우심과 축복이 보류될 수 있다. 또한 이미 성경을 통해서 우리에게 주신 약속의 말씀들이 역사하고 성취되기 위해서는 성령의 개입을 초청하는 기도의 수고가 반드시 필요하다.

기도의 수고를 통하여 영적 세계에서 청사진을 지속적으로 그려나갈 때 우리는 하나님의 때에 그것을 현실의 응답으로 대면하게 될 것이다. 이것은 비단 물질적인 복뿐만 아니라 우리 인격이 변화되고 하나님과 거룩한 교제로 삶이 회복되며 하나님 나라가 확장되는 것까지 포함한다.

이러한 기도의 법칙은 우주의 최상위 법칙이다. 왜냐하면 그것은 하나님의 개입을 승인함으로써 다른 법칙을 능가할 수 있기 때문이다. 하나님은 그분의 뜻이 하늘에서 이루어진 것같이 땅에서도 이루어지도록 영적인 법칙을 세우셨고 기도를 통해 그 일이 이루어지는 것을 보도록 우리를 동역자로 부르셨다.

우간다에 사는 한 청년의 이야기다. 청년은 태어나기도 전에 그 부모에 의해 사탄 루시퍼에게 바쳐져 네 살 때 이미 초자연적인 능력을 보였다. 부모조차 그런 청년을 두려워할 정도였다. 몰입만 하면 공중부양, 유체이탈을 쉽게 할 수 있었고 20대 청년이 되었을 때는 이미 수많은 사람의 피가 그의 손에 묻어 있었다. 사탄은 그를 이용해 많은 교회를 파괴시켰고, 그는 수많은 목회자를 망쳐 놓았다.

그러던 어느 날 청년은 어떤 교회를 파괴시키라는 사탄의 속삭임에 따라 그 교회를 공격하기 위해 악한 영들을 보냈다. 그런데 마침 그때 교회에서는 금식을 선포하던 중에 회개의 역사가 일어나서 성도 간에 화해가 이루어지고 있었다. 성도들은 함께 모여 교회를 위해 합심하여 중보하기 시작했다.

이전에 그 교회는 악한 영들에 너무나 쉽게 무너질 수 있는 곳이었다. 그러나 성도들이 기도하기 시작하자 교회 위로 빛의 장막이 쳐졌다. 그리고 천사들이 나타나 청년이 보낸 악한 영들을 공격하더니 급기야 천사들에게 체포되는 영들도 있었다.

놀랍게도 이때 초월적인 하나님의 역사로 청년 안에서도 악한 영들이 빠져나갔고 동시에 그는 하나님께 돌아오게 되었다. 그 후 청년은 한 목사님을 만나 "제발 교인들에게 올바른 기도를 가르쳐 달라"고 간곡히 부탁했다고 한다.

우리는 이 일화를 통해 우리가 사탄의 종이던 이 청년이 했던 것만큼 능력 있는 기도를 하지 못하고 있다는 사실에 적지 않게 충격을 받게 된다.

기도의 종류는 다양하다. 먼저 그것이 하나님 뜻이라는 것이 확인되면 기도 제목에 따라 올바른 영적 진단과 분별로 적절한 기도를 해야 한다. 예를 들어 청년이 공격하려던 교회가 만일 하나님의 음성을 듣거나 내적인 성찰을 하는 데 효과적인 묵상기도와 침묵기도를 했다면 그런 치열한 영적 전쟁에서 승리하지 못했을 것이다. 그 교회가 승리할 수 있었던 것은, 치열한 영적 전쟁의 상황에 맞게 선포기도와 부르짖는 기도, 회개와 금식기도 그리고 교회를 위한 중보기도를 했기에 가능했다.

우리는 기도할 때 누구나 응답받기를 기대한다. 하지만 응답을 위해서는 기도와 간구의 대상이 되는 하나님이 어떤 분인가에 대한 확고한 믿음이 있어야 한다. 그리고 하나님이 기도에 응답하시는 원리를 이해해야 한다. 그런 후에 기도 대상의 상황과 문제에 대한 하나님의 뜻, 그에 맞는 적절한 기도 방법을 분별한 다음 영적인 간절함과 진지한 태도로 기도해야 한다.

나는 이 책을 통해 기도에 대해 많은 질문과 의문을 갖고 있는 사람들에게 다양한 기도를 소개함으로써 기도의 영적인 원리를 설명하려 한다. 그리고 내가 만난 여러 문제와 상황에서 적절한 방법을 택해 기도함으로써 응답받은 일들을 나누고자 한다.

다양하고 전략적인 기도를 통해 당신의 기도 생활에 활력과 능력이 더해지고 기도의 응답을 통해 영적 승리의 기쁨을 누리기를 바란다. 무엇보다 귀로 듣던 하나님을 눈으로 볼 수 있게 된 욥의 고백처럼 살아 계신 하나님을 경험하는 놀라운 시간이 되기를 간절히 소원한다.

2015년 3월

강은혜

Part 1

foundation

기도의 문을 열다

오직 믿음으로 간절하고 끈질기게

기도는 영혼의 대화다. 그것은 신뢰와 친밀함을 기반으로 하나님과 나누는 교제다.

우리가 영적으로 미숙할 때 드리는 기도는 나의 필요를 구하는 간구기도가 대부분이다. 이것도 좋은 기도다. 어린아이는 자신의 부족함을 채워 주는 부모님께 언제 어디서든 주저하지 않고 필요한 것을 말한다. 부모를 신뢰하기 때문이다. 그리고 그 아이를 사랑하는 부모는 자신의 힘으로는 아무것도 할 수 없는 아이의 연약함을 잘 알기에 기꺼이 기쁨으로 그 요구를 들어준다. 그러나 아이가 성장하여 성인이 되었는데도 끊임없이 자신의 필요만을 요구한다고 생각해 보라. 분명 그 자녀는 부모에게 큰 근심이 될 것이다.

우리의 기도를 점검해 보면 우리의 신앙 수준과 영적 상태를 알 수 있다. 만약 신앙생활을 한 지 수십 년이 되었는데도 여전히 자신의 필요에 대한 간구로 일관하고 있다면, 당신은 아직 어린 아이의 신앙에 머물러 있는 것이다. 우리의 신앙은 성장해야 한다. 필요한 것을 채워 달라고만 하는 기도에서 벗어나 더 깊이 있는 기도로 나아가야 한다.

놀라운 것은 기도가 깊어지면 우리는 우리 손에 쥐고 있던 것을 자연스레 내려놓게 된다. 그리고 하나님을 더 알고자 하는 갈망과 그분을 더 사랑하고자 하는 소원으로 뜨거워지게 된다. 이런 영적인 갈급함을 가지고 주님과 인격적이고 친밀한 교제를 나누면, 우리는 하나님의 마음을 더 알게 되고 그분의 뜻을 이루고자 하는 갈망이 생겨난다. 그리고 기도를 통해 하나님과 동역하게 되는 것이다.

기도가 단순히 자신의 필요만을 충족시키는 것이 아님을 깨달은 성도의 기도는 하나님의 역사가 달리는 철로가 된다. 아무리 훌륭한 기차가 있더라도 철로가 없으면 달리지 못하듯이 하나님이 하고자 하시는 것, 원하시는 일이 아무리 많아도 자녀 된 우리가 동의하지 않고 그 길을 예비하지 않는다면 하나님의 역사는 제한적이 될 수밖에 없다.

그러므로 기도의 능력은 얼마나 많이 하느냐에 달려 있기보다는 그 기도가 얼마나 원칙에 부합하느냐에 달려 있다.

우리는 기도가 하나님의 뜻을 이 땅에 실현시키는 성숙한 기도든, 아니면 삶의 필요를 채우는 기도든 응답되기를 원한다. 실질적으로 우리가 기도하는 목적이 응답이라는 사실에 반기를 들 사람은 없을 것이다. 그렇다면 응답받는 기도의 조건은 무엇일까?

간절한 기도

아프리카 최악의 독재자로 악명을 떨친 우간다의 전 대통령 이디 아민(Idi Amin). 그는 검은 히틀러로 불리며 8년의 재임 기간 동안 고문과 같은 잔혹한 방법으로 수십만 명의 사람들을 학살했다고 한다. 그는 우간다를 이슬람 국가로 만들기 위해 교회를 핍박했고, 교회에 모여 예배하거나 기도하는 그리스도인들을 체포해 처형했다. 우간다의 그리스도인들은 이렇게 진퇴양난의 위기 속에서 죽으면 죽으리라는 각오로 목숨을 걸고 기도하기 시작했다.

이렇듯 절체절명의 위기 가운데 생명을 걸고 간절히 하는 기도가 바로 필사적인 기도(desperate prayer)다. 이들의 필사적인 기도로 인해 결국 이디 아민은 대통령 자리에서 물러나게 되었다. 우간다는 얼마

동안 정권 교체의 진통을 겪은 뒤 마침내 국민 전체의 80퍼센트가 그리스도인인 명실상부한 기독교 국가가 되었다.

사람들은 위급하고 절박한 일을 당하면 간절해진다. 우간다와 같이 나라의 존립 근간이 흔들리고 생명의 위협을 받게 될 때, 또 개인적인 차원에서는 불치병에 걸리거나 실패하거나 불의의 사고를 당했을 때 기도는 더욱 간절해진다.

사실 지금 우리나라는 그 어느 때보다 위기에 직면해 있다. 뉴스를 보기가 두려울 정도로 사회적 정치적 병리 현상이 매우 심각하다. 그런데 이러한 사회적 정치적 위기 앞에서 간절한 마음으로 필사적인 기도를 하는 그리스도인은 많지 않다. 어쩌면 사회 전반에 만연한 안전 불감증이 사람들의 마음을 둔감하게 만들었는지도 모른다. 그러나 응답받는 기도에서 이 심령의 간절함은 매우 중요한 요소다.

> 의인의 간구는 역사하는 힘이 큼이니라 엘리야는 우리와 성정이 같은 사람이로되 그가 비가 오지 않기를 간절히 기도한즉 삼 년 육 개월 동안 땅에 비가 오지 아니하고 다시 기도하니 하늘이 비를 주고 땅이 열매를 맺었느니라(약 5:16-18).

구약에서 초자연적인 역사를 일으킨 대표적인 선지자 엘리야는 우리와 똑같은 성정의 소유자였지만 그의 기도에는 간절함이 있었다. 바알의 선지자들과 대결했을 때도, 이세벨의 공격에 처했을 때도 그는 간절하게 기도했다. 이 간절함이 그의 기도의 능력이었음을 우리는 알 수 있다.

찰스 스펄전(Charles Spurgeon)은 "간절함이 없는 기도는 기도가 아니다. 간절한 기도는 대포알처럼 날아가 천국 문을 활짝 열어젖힌다"고 말했다. 그는 또 "냉담한 기도는 주님의 귀를 막아 버린다"라는 인상적인 말을 남겼다.

간절함 없이 형식적인, 마음을 담지 않는 기도에 대해서 성경은 '중언부언의 기도'라고 표현하고 있으며, 그러한 마음으로 드리는 예배는 오히려 하나님을 괴롭게 하는 것이라고 말한다.

> 그러나 야곱아 너는 나를 부르지 아니하였고 이스라엘아 너는 나를 괴롭게 여겼으며(사 43:22).

만약 우리가 하나님만이 우리를 도우실 유일한 분이라는 것을 진정으로 믿는다면 우리의 기도는 간절해질 수밖에 없다. 그런 의미에서 간절한 심령은 기도를 위한 가장 중요한 조건이다. 고난을 받을 때나 시련 가운데 있을 때 우리의 심령은 가난함을 느끼며 간절해지는

데 예수님은 그런 마음의 상태가 될 때 천국을 경험하고 하나님의 위로를 받게 된다고 말씀하신다.

> 심령이 가난한 자는 복이 있나니 천국이 그들의 것임이요 애통하는 자는 복이 있나니 그들이 위로를 받을 것임이요(마 5:3-4).

그러나 요즘은 이렇게 간절하게 기도하는 모습을 교회에서도 찾아보기 어렵다. 그 이유는 무엇일까? 그것은 문제나 어려움이 있을 때 세상의 방법으로 해결하고 세상의 즐거움으로 위로받고 나니 간절한 마음은 온데간데없고 정작 하나님 앞에 나갈 때는 담담해지기 때문이다. 어쩌면 이것은 거짓 위로이며 거짓 평안일 수 있다.

영의 세계는 간절한 심령을 통해서 열린다. 문명이 발달할수록 사람들은 주로 보이는 것에 집중하고, 하나님을 믿는 우리조차도 하나님의 선물에만 익숙해져서 정작 하나님 그분을 만날 수 있는 기회를 놓치며 살아간다.

현대를 살아가는 그리스도인들에게 영적인 간절함이 생긴다는 것은 이제는 하던 일을 멈추고, 집착하던 것을 내려놓고 기도의 자리로 돌아오라는 하나님의 신호이기도 하다. 그것은 우리 안에 계신 성령의 탄식이며 우리 인생 가운데 주님이 새 일을 행하시려고 우리를 주목하기 시작했다는 말이기도 하다.

무슨 일이든 골든타임이 있다. 그 타이밍을 놓치거나 무시하면 상황이 더 어려워지는 것을 우리는 숱하게 보았다. 이러한 신호와 경종이 있을 때 우리는 빨리 기도의 자리로 돌아와 무릎을 꿇어야 한다. 그리고 진실하고 진지하고 간절하게 드리는 기도에는 반드시 능력과 응답이 따른다는 것을 기억하고 기도를 시작하라.

> 여호와의 말씀이니라 너희를 향한 나의 생각을 내가 아나니 평안이요 재앙이 아니니라 너희에게 미래와 희망을 주는 것이니라 너희가 내게 부르짖으며 내게 와서 기도하면 내가 너희들의 기도를 들을 것이요 너희가 온 마음으로 나를 구하면 나를 찾을 것이요 나를 만나리라(렘 29:11-13).

내가 온누리교회에서 5년째 담당하고 있는 기도학교에는 많은 사람들이 삶에서 얻은 아픔을 안고 찾아온다. 개중에는 기도학교를 마지막으로 인생의 어느 부분을 포기하거나 중대한 결정을 내리기 위해 오는 사람들도 있다. 그렇기에 통성기도를 하다 보면 그들은 처절한 울부짖음으로 몸부림치며 기도한다.

그런데 놀라운 것은 12주간의 기도학교를 마칠 즈음엔 그들이 너무나 다른 모습으로 변화된다는 사실이다. 부르짖어 기도하는 과정을 통해서 그들의 어둡고 험악하던 얼굴에 미소가 피어나고 눈은 소망을 발견한 빛으로 반짝이며 종강 때는 '할렐루야'가 절로 나오는 기막힌 간증을 쏟아 놓는다. 기도를 통해서 회복하고 살아나는 사람들을 보는 것은 나에게 늘 도전과 감동이며, 사역의 가장 큰 보람이기도 하다.

한 자매는 경제적으로 궁지에 몰리고 결혼생활도 파경에 이르렀을 때 기도학교의 문을 두드렸다. 당시만 해도 그녀는 이혼하기로 작정하고 기도학교에 등록했다고 한다. 그러나 매주 자신에게 주시는 하나님의 말씀을 가지고 다양한 방법으로 기도하다 보니, 12주 과정을 마친 후에는 어느덧 회복되어 가는 자신을 발견했다고 한다. 아울러 기도의 능력을 깨달으니 삶에 소망이 생겨 결국 이혼을 철회하게 되었다고 했다. 이 자매는 기도학교를 마친 후에도 당장 살 집은 없지만 내일 일은 주님께 맡기고 '기쁨과 감사'라는 영혼의 선물을 가득 안고 떠난다는 간증을 남겼다. 그 이야기를 들으며 우리는 주님을 찬양하지 않을 수 없었다.

> 그는 육체에 계실 때에 자기를 죽음에서 능히 구원하실 이에게 심한 통곡과 눈물로 간구와 소원을 올렸고 그의 경건하심으로 말미

암아 들으심을 얻었느니라(히 5:7).

하나님의 아들이신 예수님도 심한 통곡과 눈물로 간구하셨다. 우리는 말해 무엇 하랴. 자신의 영혼을 비틀어 짤 정도로 간절한 소원을 가지고 하나님께 나아가 기도할 때 그 기도는 하나님의 보좌를 움직일 것이며, 우리는 놀라운 기도 응답을 체험하게 될 것이다. 당신은 지금 가난하고 애통한 심령으로 절망하며 울고 있는가? 바로 지금이 기도의 능력과 회복을 경험함으로 새 일을 행하실 살아 계신 하나님을 만날 시간이다.

포기를 모르는 끈질김

예수님은 불의한 재판장을 끊임없이 찾아가 원한을 풀어 달라 간청하는 과부의 비유를 들어 우리가 낙심하지 말고 인내하며 기도해야 할 이유에 대해 설명하신다.

> 주께서 또 이르시되 불의한 재판장이 말한 것을 들으라 하물며 하나님께서 그 밤낮 부르짖는 택하신 자들의 원한을 풀어 주지 아니

하시겠느냐 그들에게 오래 참으시겠느냐 내가 너희에게 이르노니 속히 그 원한을 풀어 주시리라 그러나 인자가 올 때에 세상에서 믿음을 보겠느냐 하시니라(눅 18:6-8).

예수님 시대의 재판장은 전국을 돌아다니며 장막에서 상정된 사건에 대해 재판을 했다. 그러나 당시의 재판장들은 부패한 제도권에 속한 경우가 많았고 뇌물이 들어올 만한 사건에 적극 개입했을 가능성이 높다. 그런 재판장들에게 남성과 동등한 법적 권리를 누리지 못하던 초라한 한 여성의 부르짖음이 관심 밖이었던 것은 어쩌면 당연한 일이었을 것이다. 시대적 정황상 당시 과부는 사회적 · 법적 위상도 매우 낮았고, 당연히 경제적으로도 어려웠을 것이다.

어쩌면 이 과부는 막다른 절벽 끝에 서 있는 심정이었을지도 모른다. 다른 방도가 없기에 아주 간절하고 절박한 마음으로 시도 때도 없이 재판관을 찾아가 자신의 원한을 풀어 달라고 성가시게 했을 것이다. 결국 재판장은 여인의 끈질김에 두 손 두 발 다 들고 제발 자신의 시야에서 사라져 주기를 바라는 마음에서 그녀에게 공의를 베풀었다.

이 비유 외에도 복음서 곳곳에서 예수님은 끈질긴 기도의 필요성을 강조하고 있다.

> 비록 벗됨으로 인하여서는 일어나서 주지 아니할지라도 그 간청함을 인하여 일어나 그 요구대로 주리라(눅 11:8).

어느 날 잠을 자고 있는데 이웃에 사는 친구가 찾아와 문을 두드렸다. 집에 손님이 찾아왔는데 먹을 것이 없으니 떡 세 덩이만 꾸어 달라는 것이다. 온 가족이 잠을 청하고 있는 한밤중에 이처럼 무례한 일이 어딨겠는가? 그러나 예수님은 "그가 일어나 문을 열어 요구대로 준 것은 친구라서가 아니라 너무 끈질기게 문을 두드리니 시끄러워 잠을 잘 수가 없기 때문에 결국 그 친구의 요구를 들어주는 것이다"라고 설명하신다.

여기에 쓰인 '간청함'이라는 표현을 개역한글 성경에서는 '강청함'이라고 번역했는데, 이 단어는 '끈질김'을 뜻하며 '뻔뻔스러울 정도로 요구한다'는 의미로 해석된다. 이것은 우리의 기도가 응답받기 위한 조건을 설명하는 매우 영감 있는 단어다.

그렇다. 하나님께서는 'No'라는 대답을 결코 받아들이지 않겠다는 우리의 거룩한 뻔뻔스러움을 기뻐하신다. 그런데 이 뻔뻔스러움은 성격이나 기질이 아닌 믿음에서 나온다. 다시 말해 하나님께서 반드시 자신의 기도를 들어주실 것이라는 믿음에서 이런 뻔뻔스러우리만큼 끈질긴 행동이 나오는 것이다.

뭐니 뭐니 해도 끈질긴 기도의 '끝판왕'은 마태복음에 나오는 가나안 여인, 일명 수로보니게 여인이 아닐까 싶다.

> 가나안 여자 하나가 그 지경에서 나와서 소리 질러 이르되 주 다윗의 자손이여 나를 불쌍히 여기소서 내 딸이 흉악하게 귀신 들렸나이다 하되 예수는 한 말씀도 대답하지 아니하시니 제자들이 와서 청하여 말하되 그 여자가 우리 뒤에서 소리를 지르오니 그를 보내소서 예수께서 대답하여 이르시되 나는 이스라엘 집의 잃어버린 양 외에는 다른 데로 보내심을 받지 아니하였노라 하시니 여자가 와서 예수께 절하며 이르되 주여 저를 도우소서 대답하여 이르시되 자녀의 떡을 취하여 개들에게 던짐이 마땅하지 아니하니라 여자가 이르되 주여 옳소이다마는 개들도 제 주인의 상에서 떨어지는 부스러기를 먹나이다 하니 이에 예수께서 대답하여 이르시되 여자여 네 믿음이 크도다 네 소원대로 되리라 하시니 그때로부터 그의 딸이 나으니라(마 15:22-28).

이 말씀에 나타난 예수님의 태도에 주목해 보자. 주님은 자신의 딸이 흉악한 귀신이 들렸다고 호소하는 이방 여인의 말을 듣고도 아무 대답도 하시지 않는다. 그녀를 완전히 무시한 것이다. 그럼에도 불구하고 그 여인이 예수님을 뒤따르며 계속 소리를 지르자 듣다 못한 제자들이 주님께 그녀를 보내라 청했다. 하지만 이번에도 주님은 "나는 이스라엘 집의 잃어버린 양 외에는 다른 데로 보내심을 받지 아니하였노라"라고 말씀하시며, 여느 때의 예수님답지 않은 모습으로 냉정하게 거절하신다. 이쯤 되면 실망하고 자존심이 상할 법한데 이 여인은 이에 굴하지 않고 예수님께 절까지 하며 도와 달라고 한다. 그러자 예수님은 "자녀의 떡을 취하여 개들에게 던짐이 마땅하지 아니하니라"라고 하며 한층 더 모욕적인 말씀을 하신다.

수로보니게 여인에 대한 예수님의 반응은 선뜻 이해가 되지 않을 정도다. 여자라고 무시하고, 이방인이라 차별하고, 그것도 모자라 모욕과 수치심의 결정체인 '개'라는 표현을 서슴지 않으신다. 제자들조차 예수님의 생경한 모습에 움찔했을 것이다.

이 정도로 모욕을 당했으면 보통 사람들은 분노에 차서 험한 말이라도 내뱉고 돌아섰을 것이다. 그러나 이 여인은 결코 포기하지 않는다. 오히려 "주여 옳소이다마는 개들도 제 주인의 상에서 떨어지는 부스러기를 먹나이다"라고 하며 수용적인 태도로 예수님을 설득하기를 멈추지 않는다.

예수님은 수로보니게 여인의 이 뻔뻔스러우리만큼 끈질긴 태도를 보고서 마침내 입가에 미소를 띠기 시작했으리라. 그제야 예수님은

"네 믿음이 크도다. 네 소원대로 되리라"라고 말씀하시며 그녀의 딸을 치유해 주신다.

무엇이 수로보니게 여인으로 하여금 이 모든 것을 견디며 끝까지 포기하지 않고 주님께 매달리게 했는가? 단언컨대 그녀는 예수님이라면 반드시 자신의 딸을 치유해 주실 것이라는 믿음이 있었을 것이다. 바꾸어 말하면 자신의 딸을 고칠 수 있는 분은 예수님밖에 없다고 확신했기에 그토록 치욕스러운 일을 당하고도 끈질기게 매달릴 수 있었던 것이다.

많은 사람이 한두 번 기도한 후 응답되지 않으면 그것이 하나님의 뜻이라고 생각하고 쉽게 포기한다. 이런 경우 대개는 하나님의 뜻에 순종했다기보다 영적인 소극성과 흔들리는 믿음, 나아가 자존심 때문에 기도를 그만두었다고 할 수 있다. 만약 수로보니게 여인이 당시 상황에서 자신의 자존심을 내세웠다면 그녀의 딸은 치유받지 못했을 것이다. 자식을 위해서 어떤 말을 듣더라도 자존심을 내세우지 않고 절규에 가까운 간구를 멈추지 않았기에 놀라운 응답을 받은 것이다.

"여자는 약하지만 어머니는 강하다"는 말이 있다. 자식을 향한 어머니의 기도는 위대하다. 자식에 대한 사랑으로부터 나오는 간절함과 결코 자식을 포기할 수 없는 끈질긴 어머니의 기도는 위대한 역사를 만들어 낸다.

정말 기도의 능력을 안다면 이제는 한숨과 원망의 입을 다물고 기도의 자리로 나아가라. 기도에 강한 사람은 자신이 원하는 것을 얻을 때까지 끈질기게 기도한다. 그리고 끈질기게 기도한다는 것은 기다리는 고통을 감내하기를 각오하는 일이다.

기도가 금방 응답되지 않을 때 사탄은 우리에게 다가와 속삭인다.

"하나님은 네 기도를 듣지 않아."

"네가 기도하는 그 사람은 절대로 변하지 않아."

"기도는 부질없는 일이야!"

때때로 이런 조롱을 당해도, 앞이 보이지 않아 하나님이 정말 계신 건지 알 수 없는 영혼의 어두운 밤을 지날지라도, 결코 믿음의 끈을 놓지 말고 끈질기게 기도하라. 기도를 멈추지 않는다면 우리는 하나님의 때에 인생의 위대한 간증을 만들어 낼 기도의 응답을 받게 될 것이다.

인색한 이웃조차 부끄러움을 모르는 친구의 끈질김 때문에 그 요청을 들어주기로 했다면, 불의한 재판관이 끈질긴 간청에 지쳐서 불행한 과부에게 정의를 행하기로 결정했다면, 그리고 사랑하는 딸의 치유를 위해 온갖 수모와 모욕을 견딘 이방 여인의 끈질긴 요청을 예수님이 받아들이셨다면, 하물며 당신의 자녀들의 절박한 외침에 하나님은 얼마나 성실하게 응답하시겠는가?

우리가 낙심하지 말고 밤낮으로 구하고 찾고 두드리며 부르짖어야 할 이유가 여기에 있다. 일단 기도를 시작했다면 절대로 포기해서는 안 된다. 목표로 삼은 것을 얻을 때까지, 아니 하나님께서 그것을 주시지 않는 것이 그분의 뜻이라는 것을 아주 분명히 알려 주실 때까지 우리는 기도를 멈춰서는 안 된다!

> 구하라 그리하면 너희에게 주실 것이요 찾으라 그리하면 찾아낼 것이요 문을 두드리라 그리하면 너희에게 열릴 것이니(마 7:7).

믿음으로 바라보는 확신

그리스도인은 이 세상을 어떻게 살아가야 할까? 골리앗처럼 힘센 거인들이 으스대는 세상, 세상의 풍조가 거대한 파도와 같이 우리를 향해 밀려올 때 과연 다윗과 같은 믿음을 가지고 살아가는 것이 가능할까?

그러나 관점을 바꾸어 생각하면 문제는 달라진다고 혹자는 말한다. 골리앗은 거대한 사람이라 표면적도 넓기 때문에 물맷돌로 맞히기가 그만큼 쉽다는 것이다. 그렇다. 어떤 관점에서 보고 해석하느냐가 우리의 삶을 결정한다.

믿음의 눈으로 세상과 나를 바라볼 때 믿음의 자녀에게는 유리한 점이 하나둘 보이기 시작하는데 이것이 바로 믿음의 능력인 것이다. 기도에 있어서도 마찬가지다. 성경이나 신앙서적을 통해서도 하나님의 성품이나 속성을 지식으로는 알 수 있겠지만 그분을 인격적으로 체험할 수 있는 가장 효과적인 방법은 기도를 통해서다. 보지 않고 믿는 믿음은 그 자체로 더없이 훌륭한 것이지만 실제로 믿음은 체험을 통해서 더 깊어진다.

사실 응답받는 기도의 첫째 조건으로 믿음을 들 수 있다. 영이신 하나님은 영안으로만 인식할 수 있고 영안은 믿음의 렌즈를 통해서만 열리기 때문에 당연히 신앙의 기초는 믿음이라고 할 수 있다. 그래서 기독교 철학자 안셀름(Anselm)은 "나는 하나님을 알기 위해 믿는다"라는 유명한 말을 남겼다.

> 믿음이 없이는 하나님을 기쁘시게 하지 못하나니 하나님께 나아가는 자는 반드시 그가 계신 것과 또한 그가 자기를 찾는 자들에게 상주시는 이심을 믿어야 할지니라(히 11:6).

여기서 말하는 '상'이란 영어로 'reward', 즉 '보상, 보답'이란 뜻이다. 어떤 분야에서든지 열심을 내면 포상과 보너스를 받는다. 믿음의 세계도 마찬가지다. 믿음을 갖고 간절히 그리고 끈질기게 하나님을 구하는 이들에게 하나님은 자신을 계시해 주실 뿐만 아니라, 우리가 찾는 만큼 하늘의 신령한 것과 땅의 기름진 것으로 보답해 주신다.

하지만 안타깝게도 우리는 믿음의 눈으로 인생을 해석하지도, 또 주어진 약속의 말씀을 온전히 신뢰하지도 못한다. 그래서 하나님을 인격적으로 만나지도 못하고 여호와 이레의 보상도 받지 못하는 경우가 많다.

출애굽 사건 이후 모세는 약속의 땅인 가나안에 들어가기 전에 열두 명의 정탐꾼을 보낸다. 그들은 같은 것을 보았지만 판이한 보고를 한다. 여호수아와 갈렙을 제외한 열 명의 정탐꾼은 그 땅을 악평하며 "우리는 메뚜기 같아서 그들을 이길 수 없다"고 보고했다. 그러자 이스라엘 백성이 "차라리 애굽으로 돌아가는 것이 낫겠다"고 모세를 원망하며 통곡한다.

그러나 여호수아와 갈렙은 자기들의 옷을 찢으며 "그곳은 젖과 꿀이 흐르는 약속의 땅이고, 그들은 우리의 밥이니 올라가 그 땅을 취하자"고 설득한다. 하나님의 말씀을 거역하지 말고 우리와 함께하시는 하나님을 신뢰하고 약속의 땅인 가나안으로 들어가자고 강력하게 말한 것이다.

그러나 알다시피 열 명의 정탐꾼의 보고에 마음이 무너져 버린 백성은 오히려 이들을 돌로 쳐 죽이려고 한다. 여호수아와 갈렙의 보고는 완전히 묵살된 것이다.

> 이 백성이 어느 때까지 나를 멸시하겠느냐 내가 그들 중에 많은 이적을 행하였으나 어느 때까지 나를 믿지 않겠느냐(민 14:11).

믿음 없는 행동과 결정의 저변에는 하나님에 대한 불신이 있다. 그런 이스라엘 백성의 태도를 보며 하나님은 진노하셨다. 결국 그들은 가나안에 들어가기를 원치 않던 세대가 죽기까지 40년간 광야를 떠돌아다니게 된다. 만약 여호수아와 갈렙의 말대로 하나님의 약속을 믿고 가나안에 들어갔다면 광야에서 보낸 방황의 시간은 단축되었을 것이다.

이는 비단 이스라엘 백성에게만 국한된 이야기가 아니다. 우리도 믿음의 행보를 걷지 못할 때 인생의 많은 시간을 낭비할뿐더러, 믿고 따르는 자에게 약속하신 하나님의 축복의 보상을 놓치게 된다.

하나님께서 나의 기도에 응답하기 원한다면 확신을 갖고 기도하라. '하나님 당신의 뜻이거든' 하는 식의 기도는 하지 말기 바란다. 우리는 이미 하나님의 뜻을 알기 때문이다.

그런즉 너희는 먼저 그의 나라와 그의 의를 구하라 그리하면 이 모든 것을 너희에게 더하시리라(마 6:33).

항상 기뻐하라 쉬지 말고 기도하라 범사에 감사하라 이것이 그리스도 예수 안에서 너희를 향하신 하나님의 뜻이니라(살전 5:16-18).

어떤 결정을 내릴 때 우리는 먼저 하나님 나라와 의를 구하는 결정을 내려야 한다. 아무리 어렵고 힘든 상황이라도 감사를 선포하고 쉬지 말고 기도할 때 우리는 항상 기뻐하는 삶을 살게 된다. 또한 그런 믿음의 행보를 통하여 우리는 형통한 삶을 누리게 된다. 이것이 우리를 향한 하나님의 변함없는 뜻이다.

응답받지 못하는 기도를 분석해 보면 자신의 기도가 응답되기를 소원하지만 확신 없이 하는 기도인 경우가 많다. 또한 기도를 열심히 하는 것은 좋으나 기도에 대한 믿음을 하나님에 대한 믿음으로 착각하는 경우가 종종 있는데 이것도 응답받지 못하는 기도의 원인이 될 수 있다.

성경은 "하나님을 믿으라"(막 11:22)고 했지 기도 자체를 믿으라고 하지는 않았다. 믿음의 기도는 환경이나 상황, 자기 내면의 감정에 따라 흔들리지 않는다. 도움의 손길조차 보이지 않고 마음이 요동칠 때

야말로 믿음의 기도가 가장 필요한 순간이다. 하나님을 신뢰하는 믿음의 선포로 우리 내면의 폭풍이 잠잠케 될 때 비로소 이 믿음은 하나님의 약속을 이행시키는 힘이 된다.

척박한 땅에서 열리는 믿음의 상급

불신 가정에서 태어난 나는 남편의 전도로 하나님을 믿게 되었다. 남편은 3대째 예수님을 믿는 기독교 가정에서 자란 청년이었다. 그는 첫 데이트에서 나를 전도했다. 그뿐만 아니라 두 번째 데이트 장소는 여의도광장에서 열린 부흥 집회였다. 알고보니 남편은 수년에 걸쳐 제자훈련을 받았다고 했다. 그런 그를 따라 신앙생활을 시작하는 순간부터 내 삶에는 성령님의 경이로운 역사와 동시에 영적 전쟁의 두려움이 엄습했다. 영적 세계의 빛과 어둠을 동시에 경험하면서 나는 생존을 위해 필사적으로 하나님을 붙들었다. 그때 하나님은 생명의 말씀을 붙잡고 몸부림치며 기도하는 나를 빛으로 인도하셨고 당신을 더 깊이 알게 하셨다.

주님을 인격적으로 만나자 복음의 빚진 자로서 전도의 마음이 부어졌다. 나는 만나는 사람마다 열심히 복음을 전했다. 그러나 나의 친인척 중에는 여전히 믿지 않는 사람들이 있다. 그래서인지 조금이라도 방심하여 기도를 쉬면 우리 가정에 어려운 문제들이 일어났다. 그렇다 보니 '다른 목사님들은 나만큼 기도하지 않아도 잘만 사역하시는데 왜 나는 기도하지 않으면 당연히 될 일도 안 되는 걸까?' 하는 의문에 빠진 적도 있다.

하루는 마태복음 13장에 나오는 씨앗 비유를 읽다가 이에 대한 해답을 얻게 되었다. 그것은 내 주변에 널려 있는 길가와 돌밭과 가시떨기 같은 척박한 영적 토양 때문에 영적으로 힘든 삶을 산다는 깨달음이었다. 그래서 쉬지 않고 기도하며 그 땅을 기경해 나가지 않으면 안 되는 나의 소명도 이해되었다.

신학대학원에 들어갔을 때였다. 선교학 교수님이 믿음의 세대별로 나누어 앉으라고 하신 적이 있다. 신학생들은 믿음의 1대부터 5대까지 있었는데 나처럼 신앙의 1세대는 많지 않았다. 3, 4대정도 되는 신학생들은 이름도 남달랐다. 주영광, 이요한, 황에스더…. 믿음의 후손들인 그들에게 가장 부러웠던 점은 기도의 어머니가 있다는 사실과 이미 영적 기경이 되어 있는 옥토에서 자랐다는 사실이었다. 비교적 쉽게 열매를 기대할 수 있을 테니 말이다.

그러나 나처럼 여전히 척박한 땅을 가진 가계는 돌을 깨뜨리고 가시떨기를 걷어 내고 굳어진 땅을 기경하지 않으면 뿌리도 내리지 않고 싹도 나지 않을 뿐더러 방심하여 깨어 있지 않으면 그나마 뿌려진 씨앗마저 사탄이 낚아채 간다.

척박한 땅에는 생명의 씨앗이 자랄 수 없다. 돌들을 거르고 땅을 기경하는 작업은 끝이 없는 것같이 느껴질 때가 있어 남몰래 긴 한숨을 쉴 때가 있다. 그러던 중 존경하는 어떤 목사님으로부터 다음과 같은 말씀을 듣고 내 눈이 번쩍 뜨였다.

"저는 4대째 믿는 가정에 3대째 목사의 가정에서 태어나 목사가 팔자라고 생각하고 사역해 왔습니다. 그런데 어느 순간 지금 하나님께서 제게 넘치게 주시는 이 복이 필경 조상들의 기도와 수고와 순교의 열매임을 깨달았습니다. 그렇다면 정작 제가 하나님께 받을 상급과 칭찬은 적을 수도 있다는 사실도 깨달았지요.

저와 반대로 1대의 신앙, 영적으로 척박한 땅에서 기도와 수고의 피와 땀을 쏟아 그 땅을 기경하는 사람들은 혹여 이 세상에서는 보상받지 못하더라도 천국에서 하나님의 위로와 칭찬, 그리고 상급은 매우 클 것입니다."

그렇다! 이제 아무리 힘들고 끝이 보이지 않는 것 같아도 감사하며 일어나 빛을 발하며 쉬지 말고 기도하리라! "이 산지를 내게 주소서!"라고 약속의 땅을 바라보며 믿음의 고백을 외쳤던 갈렙처럼, 손바닥만 한 구름이 보이기까지 무릎에 머리를 넣고 간절히 기도한 엘리야처럼, 그리고 자존심도 내던지고 생명을 걸고 끈질기게 기도한 수로보니게 여인처럼 응답받는 기도를 쉬지 않으리라!

하나님께서 내게 약속한 그 산지가 이윽고 나의 눈물의 기도와 섬김으로 옥토가 되어 나의 자손, 그리고 내게 주신 영적인 자녀가 천대만대 하나님을 섬기며 나의 기도의 열매를 수확하는 축복의 자녀가 되길 소원하며 오늘도 기도의 제단을 쌓는다.

눈물을 흘리며 씨를 뿌리는 자는 기쁨으로 거두리로다(시 126:5).

응답기도문

우리의 기도를 들으시는 좋으신 하나님!

늘 응답을 바라며 기도했지만 응답받지 못했던 이유를

알게 해 주시니 감사합니다.

앞으로 낙심하지 않고 끈질기게 기도함으로

재판관의 마음을 무너뜨린 과부처럼,

온갖 모욕과 수치에도 아랑곳하지 않고

끝까지 예수님께 간청했던 수로보니게 여인처럼

우리도 포기하지 않고 인내하며 기도할 수 있도록 도와주시옵소서.

그리고 간절함이 그의 기도의 능력이 되었던 엘리야처럼,

믿음으로 기도했던 갈렙과 여호수아처럼 기도함으로

응답의 기쁨을 누릴 수 있도록 도와주시고,

무엇보다도 기도함으로 하나님의 살아 계심을 경험할 수 있도록

은혜 주시옵소서.

우리의 중보기도자 되시는 예수님 이름으로 기도합니다.

아멘.

너희가 온 마음으로
나를 구하면 나를 찾을 것이요
나를 만나리라

하나님과의 막힌 담을 무너뜨리는 열쇠

성경에 나오는 인물들 중 가장 많이 비교되는 인물이 사울과 다윗이 아닐까 싶다. 인물 좋고 배경 좋은 일명 '엄친아'의 조건을 다 갖추고 이스라엘 초대 왕으로 부름받았지만 하나님께 버림받은 사울. 목동의 신분으로 일찌감치 차기 왕으로 기름부음을 받았지만 여러 가지 시련의 시간을 통과하면서 하나님의 마음에 합당한 사람으로 빚어진 다윗. 이 두 사람의 인생을 가른 것은 무엇일까?

그것은 자신의 죄에 대한 태도, 즉 진심 어린 회개와 그 회개에 합당한 열매의 유무라고 말할 수 있다. 죄의 경중을 쉽게 논할 수는 없지만, 세상의 관점으로 보자면 다윗은 사울보다 더 중죄를 지었다고 말할 수 있다. 그는 부하의 아내인 밧세바와 간음죄를 저질렀고, 그것을 은폐하기 위해 그녀의 남편 우리아를 죽음으로 내모는 살인죄까지 더했다. 시대적 정황상 천하의 왕이라도 죄질이 정말 안 좋다.

반면 사울은 블레셋과 전쟁이 벌어졌을 때 조급함과 초조함을 못 이겨 제사장만이 드릴 수 있는 제사를 당대의 제사장이던 사무엘을 대신해 자신이 드리는 죄를 범했다. 또 아말렉과의 전쟁에서 그들을 진멸하고 모든 전리품을 폐기시키라는 하나님의 명령에도 불구하고 자신이 좋아하는 전리품을 취할 뿐 아니라 아각 왕을 생포해서 데려오는 불순종의 죄를 지었다.

두 사람이 다 죄를 지었지만 그 잘못이 드러났을 때 그들이 보인 반응은 확연히 달랐다. 다윗은 곧바로 자신의 죄를 인정하며 왕의 체통이고 뭐고 다 버리고 하나님 앞에서 통회, 자복한다. 반면 사울은 사무엘에게 죄를 지적당했을 때 자신의 죄를 진솔하게 고백하는 대신 자기를 정당화하는 변명으로 일관한다. 사울에게는 하나님과의 관계보다 자신의 체면과 사람들의 시선이 더 중요했던 것이다.

결국 두 사람의 인생을 가른 것은 진정성 있는 '회개'의 유무라 할 수 있다. 다윗은 진정한 회개를 통해 하나님의 마음에 합한 자가 되지만 사울은 마지막까지 회개의 기회를 저버렸고 종국엔 하나님께도 버림받고 자신이 아끼던 사람들로부터 외면당했다. 사무엘은 아말렉과의 전쟁 이후 죽을 때까지 사울을 보지 않았고, 심지어 친아들 요나

단마저 다윗의 편에 섰던 것이다.

부분적인 순종은 불순종이다

우리는 사울의 인생을 통해 깨달아야 한다. 하나님을 두려워하지 않고 불순종하며, 자신 안의 이기심을 방치하고 죄를 회개하지 않으면 결국엔 하나님께 버림받고 왕으로 누릴 수 있는 축복과 특권도 다 잃어버리고 만다. 그뿐만 아니라 악한 영에 의해 괴롭힘을 당하는 비참한 신세로 전락해 버린다.

제시 펜 루이스(Jessie Penn-Lewis)는 다음과 같은 흥미로운 언급을 했다. "악한 영에 의한 괴롭힘이나 공격은 영적인 것에 무지한 자들이 아니라 그 것을 경험한 사람, 성령세례를 받은 사람들이 더 심하게 받는다"는 것이다. 이런 상황에서 가장 중요한 사실은 하나님의 말씀에 순종하는가 아닌가가 결정적인 분기점이 된다는 것이다. 순종하는 사람은 하나님의 보호하심 가운데 들어가지만 그렇지 않은 사람들은 더 가중된 영적 어려움에 처할 수 있다.

사울과 같은 사람들은 하나님의 눈으로 자신과 세상을 바라보지 못하기 때문에 늘 부분적인 순종에 그치게 된다. 즉 자기 마음에 드는 것만 순종하는 것이다. 그러나 이러한 부분적인 순종도 사실상 불순종이라고 말할 수 있다. 자신의 학벌, 권력, 명예, 가족 등을 하나님보다 더 중요하게 생각한다면 이것도 우상숭배요 그 결과 불순종의 길을 걷게 된다. 또한 늘 자신의 유익에만 관심을 두고 기도하는 사람들에게 존재하는 이기심의 근원도 악이다. 우리 안에 사울과 같은 죄악은 없는지 살펴보고, 혹시라도 있다면 예수 그리스도의 십자가 보혈을 의지해 반드시 회개해야 할 것이다.

> 만일 우리가 죄가 없다고 말하면 스스로 속이고 또 진리가 우리 속에 있지 아니할 것이요 만일 우리가 우리 죄를 자백하면 그는 미쁘시고 의로우사 우리 죄를 사하시며 우리를 모든 불의에서 깨끗하게 하실 것이요(요일 1:8-9).

사실 진정한 회개는 성령님의 도움 없이는 불가능하다. 우리는 여러 모양으로 죄를 짓고도 그것의 심각성을 모르며, 오히려 자신이 피해자라고 생각하는 경향이 있다. 그래서 성령께서 깨닫게 하기 전까지는 왜 회개해야 하는지조차 모르고 넘어갈 때가 많다. 우리 심령에 하나님의 빛이 임할 때 비로소 죄가 죄로 드러나며 그때에야 제대로 된 회개를 할 수 있게 된다.

묵히지 말고 날마다 회개하라

그리스도인들은 대개 거듭날 때 예수님을 모르고 살던 시간들이 주마등처럼 지나가면서 죄악 가운데 살던 삶을 통회, 자복하게 된다. 이것이 진정한 회개의 시작이다.

그렇다면 회개란 무엇인가? 예수님은 하나님 나라에 들어가기 위해 물과 성령으로 나야 한다고 말씀하신다(요 3:5). 바로 이때의 물이 회개를 의미한다.

나는 예수님을 믿고 나서 7년 뒤에야 물과 성령으로 거듭나는 체험을 했다. 생각해 보면 그 즈음 주님께서 엄청나게 회개를 시키셨는데, 성경을 읽으면 한 말씀 한 말씀이 나를 찔러 회개하지 않고는 견딜 수가 없었다. 심지어 초등학교 1~2학년 때 숙제를 안 해놓고 한 것처럼 엄마한테 거짓말한 일도 생각나서 회개했다. 주님은 아주 작은 것까지 생각나게 하셔서 회개토록 했다. 그렇게 한동안 회개를 통해 나를 깨끗하게 하신 후 성령세례가 임했다.

이렇듯 하나님을 거부하고 스스로 인생의 주인이 되어 마음대로 살던 내 실존에 대한 회심이 있었다 해도, 우리는 살아가면서 알게 모르게 죄를 지을 수밖에 없는 연약한 존재다. 그래서 회개기도는 날마다 해야 한다. 구원받았어도 회개기도 없이 살아가면 우리의 심령은 점점 굳어져서 어느새 양심의 기능까지 마비돼 버리기 때문이다.

> 자기 양심이 화인을 맞아서 외식함으로 거짓말하는 자들이라(딤전 4:2).

노숙자들을 섬기던 어느 목사님으로부터 들은 이야기다. 하루는 노숙자를 목욕시키려고 탕에 들어갔는데, 아무리 몸을 불려도 때가 잘 안 떨어져 기구를 가지고 떼어 냈다는 것이다. 오랫동안 목욕을 하지 않은 사람은 그 때를 지우기가 여간 어려운 일이 아니다.

우리의 영혼도 마찬가지다. 그날의 죄를 바로바로 씻어 내는 회개의 작업을 하지 않고 방치하면 양심은 마비되고, 나중에는 그 죄짐에 눌려 주님께 나아가기가 점점 더 힘들어진다.

매일 잠자리에 들기 전에 하루 일과를 돌아보고 알고 지은 죄, 모르고 지은 죄를 생각나게 해 달라고 기도하라. 세상의 기준이 아닌 하나님이 보시기에 조금이라도 잘못한 것이 있으면 반드시 회개하라.

〈도가니〉라는 영화가 우리 사회에 큰 반향을 일으킨 적이 있다. 실화를 바탕으로 한 이 영화는 청각장애인학교에서 학생들을 상대로 교장과 교사들이 비인간적인 성폭력과 학대를 저지른 끔찍한 사건을 고발한 작품이다. 나는 거기에 등장하는 교장을 보며 만감이 교차했다. 장로라는 사람이 저 지경에 이르렀다면 그는 아마도 아주 오래도록 회개기도와는 거리가 먼 사람이었을 것이라는 생각이 들었다.

이 세상을 살아가면서, 수많은 유혹과 실패의 현장에서 우리가 하나님의 자비의 손을 붙들 수 있는 유일한 길은 회개다. 회개기도를 통해서 날마다 우리 안의 죄악의 때를 벗겨 내지 않으면 양심이 화인 맞은 자같이 될 수 있음을 간과하지 말아야 한다. 매일 주님 앞에 겸손히 엎드려 우리 안의 들보를 보게 해 달라고 간구하자.

부흥의 역사는 회개에서 시작한다

> 회개하라 천국이 가까이 왔느니라… 그러므로 회개에 합당한 열매를 맺고(마 3:2, 8).

회개란 하나님을 거역하고 자신이 주인 되어서 살던 근원적인 죄성(罪性)을 깊이 깨닫고 그 죄로부터 돌이키는 신앙 행위다. 따라서 회개에는 참된 마음의 변화와 실제로 죄에서 떠나는 생활의 변화가 반드시 따라야 한다. 그런 까닭에 예수님은 천국을 맞는 자의 선결 조건으로 회개를 가르치셨고(마 4:17), 사도 바울과 베드로는 하나님께 대한 회개를 진정한 구원과 동격으로 언급했다(행 20:21; 벧후 3:9).

모든 부흥의 역사는 회개로부터 시작된다. 하나님의 영이신 성령님은 '거룩함' 자체이기 때문에 정결한 심령과 공동체에만 임재하실 수 있다. 우리는 많은 경우 부흥을 갈망하고 성령의 기름부으심을 소원하지만 정작 자신과 자신이 속한 공동체가 얼마큼 정결한가는 생각하지 못하는 것 같다.

회개로 죄 씻김의 역사가 한 영혼 위에 부어질 때 성령의 강림과 셰키나(shekhinah)의 영광의 빛은 수많은 영혼이 주께 돌아오는 것을 가능케 했고, 회복과 거듭남 그리고 헌신의 역사가 기독교사에서 불길처럼 일어났던 것을 우리는 기억하고 있다.

로버트 하디(Robert Hardie) 선교사는 캐나다 출신의 의사로서 1903년 원산에서 선교 활동을 하던 중 중국에서 휴양차 온 메리 화이트(Mary White) 선교사의 제안으로 성경공부와 기도회를 인도하게 되었다. 그는 기도회를 인도하면서 그동안 자신의 무력함을 고백하는 통회의 기도를 드렸다. 그리고 사역자는 구원에 대해 분명한 확신이 있어야 한다는 것을 강조하면서, 자신의 교만, 닫힌 마음 때문에 사역 가운데 하나님의 역사가 일어나지 않음을 고백했다.

회개로 가득 찬 그의 고백은 모든 교인과 선교사들을 깊이 감동시켜 그들 사이에서도 죄를 자복하고 회개하는 역사가 일어났다. 그리고 이렇게 통회 자복한 후에 모두가 성령충만함으로 마음속에 평화와 기쁨을 경험하게 되었다.

이 같은 부흥집회는 1904년 2월 개성으로 확대되어 1904년 3월에는 서울 잣골교회에서도 부흥집회가 열렸다. 결국 이것이 한국교회에 부흥의 불을 지피는 발판이 되었고, 1907년 평양 장대현교회에서 시작된 대부흥운동의 위대한 업적을 남기게 되었다.

1907년 새해, 장대현교회 신년 부흥회에 참석하기 위해 1500명이 넘는 성도가 하나님의 은혜를 사모하여 먼 길을 마다하지 않고 모여들었다. 성도들은 원산에서 시작된 부흥의 불씨가 평양에도 임하기를 바라는 기대감으로 가득 차 있었다. 그러나 하루가 지나고 이틀이 지나도 집회 가운데 놀라운 부흥의 역사는 일어나지 않았다.

그리고 그 역사의 날 저녁 윌리엄 헌트(William Hunt) 선교사가 말씀을 전한 후에 통성으로 회개하는 시간을 가졌다. 이때 길선주 장로가 조심스럽게 강단에 올랐다. 그는 한국에서 처음으로 새벽기도회를 시작한 사람으로, 장대현교회뿐만 아니라 평안도 일대에서도 믿음 좋기로 소문난 사람이었다.

"나는 아간과 같은 자입니다. 나 때문에 하나님께서 축복을 주실 수가 없습니다. 나는 1년 전 죽은 친구의 유언을 지키지 못하고 돈을 훔쳤습니다."

죄를 고백하는 길 장로의 눈가에는 어느새 눈물이 흘러내리기 시작했다. 기침 소리 하나, 숨소리 하나 없이 고요한 예배당. 시간이 정지된 듯한 그곳에서 길 장로의 어깨만 가냘프게 흔들리고 있었다.

길 장로는 1년 전 죽어 가는 친구로부터 그의 아내를 위해 재산을 대신 정리해 달라는 부탁을 받았다고 한다. 그런데 그 재산을 정리하는 과정에서 길 장로는 100달러가량의 돈을 착복한 것이다.

길 장로가 이같이 자신의 죄를 고백하자 집회 현장을 무겁게 짓누르던 어두움이 일순간 걷히며 거룩하신 성령께서 빛처럼 환하게 임하셨다. 그날 저녁 집회가 끝난 후 600여 명이 남아 새벽 2시까지 회개했고, 20여 명이 자신들의 죄를 공개적으로 고백했다. 한국 기독교 역사상 가장 큰 부흥으로 일컬어지는 1907년 평양대부흥은 이렇게 한 지도자의 죄의 고백과 회개에서 시작됐다.

나는 이 기록을 읽을 때마다 무한한 감동을 느낀다. 우리는 오랜 시간 함께 신앙생활을 하면서도 성도들의 마음에 어떤 문제들이 있는지 그리고 그들이 짓는 죄에 대해서 그다지 무게를 두지 않는다. 그러나 우리가 결코 간과할 수 없는 것은 내가 속한 가정과 교회에 부흥이 일어나기를 원한다면 나의 죄를 먼저 회개해야 한다는 것이다. 회개만이 살 길이며 능력인 것을 우리 모두 인정하고 회개의 영이신 성령님을 사모하며 기도해야 한다.

다른 사람을 대신한 회개기도

자기가 지은 죄를 스스로 회개하는 일은 비교적 쉽다. 자기가 저지른 일이니 속속들이 잘 알뿐더러 죄책감 때문에 죄를 인정하기가 그리 어렵지 않은 까닭이다. 자기가 지은 죄를 스스로 회개하는 것이 가장 좋겠지만 문제는 그렇게 할 수 없는 경우다. 내가 아닌 다른 사람의 문제를 위해서는 어떻게 기도해야 할까?

디트리히 본회퍼(Dietrich Bonhoeffer)는 다른 사람을 위한 회개기도를 "그들의 좌절과 빈곤 그리고 그들의 죄책과 지옥의 형벌을 우리 자신이 짊어지고 하나님께 그들을 대신하여 탄원하는 것이며 그들 스스로 할 수 없는 일을 우리가 대신해서 우리 자신의 문제로 알고 대리적으로 하는 것이다"라고 말했다. 우리의 원수를 용서하고 나아가 그들을 대신해 회개하는 고난의 기도야말로 가장 고차원적인 기도라고 할 수 있다.

이스라엘 백성은 출애굽 후 모세가 하나님으로부터 계명을 받기 위해 시내 산에 올랐을 때 금송아지를 만들어 하나님을 반역했다. 하나님은 이 일로 3000여 명의 백성을 죽이셨다. 그러자 다급해진 모세가 하나님과 백성 사이에 담대히 서서 심판의 손을 늦추어 달라고 하나님과 변론했다.

이튿날 모세가 백성에게 이르되 너희가 큰 죄를 범하였도다 내가 이제 여호와께로 올라가노니 혹 너희를 위하여 속죄가 될까 하노라 하고… 그러나 이제 그들의 죄를 사하시옵소서 그렇지 아니하시오면 원하건대 주께서 기록하신 책에서 내 이름을 지워 버려 주옵소서(출 32:30, 32).

모세는 자신이 범한 죄는 아니었지만 백성의 모든 죄를 껴안고 생명을 걸고 하나님께 나아가 회개했다. 이것이 중보기도자의 고난의 기도다. 다니엘은 바벨론에 포로로 잡혀갔지만 이국땅에서도 자기 민족을 위해 무릎을 꿇었다. 그는 예레미야서를 읽다가 예루살렘의 황폐함이 70년 만에 그치리라는 말씀을 보고 금식하고 회개하며 기도했다.

우리는 이미 범죄하여 패역하며 행악하며 반역하여 주의 법도와 규례를 떠났사오며 우리가 또 주의 종 선지자들이 주의 이름으로 우리의 왕들과 우리의 고관과 조상들과 온 국민에게 말씀한 것을 듣지 아니하였나이다… 기도하며 내 죄와 내 백성 이스라엘의 죄를 자복하고(단 9:5-6, 20).

비록 자신이 지은 죄는 아닐지라도 조상과 자신의 민족이 지은 죄를 마치 자기가 지은 것처럼 통회 자복한 다니엘의 회개기도는 예레미아의 예언이 성취되도록 하늘 문을 여는 열쇠가 되었다. 예수님 역시 십자가 위에서 마지막 숨을 거두시기 전에 자기들이 무슨 죄를 범하는지도 모르는 군중을 위해 기도했다.

> 아버지 저들을 사하여 주옵소서 자기들이 하는 것을 알지 못함이니이다(눅 23:34).

스데반도 돌에 맞아 순교를 당하는 상황에서 자신을 향해 돌을 던지는 이들을 위해 기도했다.

> 주여 이 죄를 그들에게 돌리지 마옵소서(행 7:60).

어디 이뿐이랴. 히브리서 11장에 나오는 믿음의 거장들은 세상이 감당치 못하는 사람들이었다(히 11:38). 그들은 한결같이 다른 사람들을 치유하고 그들에게 새로운 생명을 주기 위해 그들의 죄와 슬픔을 의식적으로 어깨에 짊어진 사람들이었다.

2차 대전 당시 독일 라펜스부르크(Ravensburg)의 나치 강제수용소에서는 대략 9만 2000명의 남녀와 어린아이가 죽임을 당했다. 그중 한 아이의 시체 근처에서 포장지 조각 하나가 발견되었는데 거기에는 이런 기도문이 쓰여 있었다고 한다.

"오 주님! 우리에게 호의를 가진 사람들뿐만 아니라 우리에게 악의를 품은 사람들까지도 기억하여 주소서. 그들이 심판받게 될 때 우리가 얻게 된 여러 가지 열매들(사랑, 긍휼, 용서)로 인해 그들이 용서받게 하소서."

다른 사람을 위해 고난을 자처하며 하나님의 마음에 초점을 맞춘 회개기도는 그들이 죄로부터 돌이키는 것을 가능하게 할 뿐만 아니라 자복하고 통회함으로 하나님 앞에 나아가도록 도와주는 세상에서 가장 고귀하고 수준 높은 기도가 될 것이다.

무엇을 회개해야 할까?

서구 기독교의 역사가 2000년이 넘는 것과는 대조적으로 우리나라의 기독교 역사는 가톨릭을 포함해도 기껏해야 200년이 채 안 되었다. 오래도록 불교와 유교를 숭상해 왔고 샤머니즘과 애니미즘의 세계관에 영향을 받은 우리 민족은 조상을 섬긴다는 미명하에 제사를 지내 왔다. 'IT강국'이니 '경제대국'이니 하지만 지금도 사업을 시작할 때면 돼지머리 앞에 절을 하며 금복을 기원하는 사람들이 많다. 점을 보는 일은 아직도 흔하며 굿도 심심찮게 벌어지고 있다. 이것들은 우리나라 그리스도인들의 기복신앙의 배경이 된다.

제사는 조상신을 숭배하는 것이므로 엄연한 우상숭배다. 일찍이 가톨릭에서는 18~19세기에 엄청난 순교자가 나왔는데 많은 부분이 제사와 관련된 문제 때문이었다. 그뿐만 아니라 일제강점기 때 많은 믿음의 선조들이 신사참배를 거부한 일로 순교를 당했다. 신사참배는 이방신을 섬기는 일이었다.

성경에서 잡신을 섬기는 무속신앙을 비롯해 이방신을 섬기는 것은 성적인 간음보다 더 심각한 것으로 간주되어 이스라엘이 징계받는 이유가 되었다. 하나님은 당신을 사랑하는 자에게는 천 대까지 복을 내리지만 당신을 거부하고 우상숭배 하는 자들에게는 삼사 대까지 저주를 내리겠다고 말씀하셨다.

> 너는 나 외에는 다른 신들을 네게 두지 말라 너를 위하여 새긴 우상을 만들지 말고 또 위로 하늘에 있는 것이나 아래로 땅에 있는 것이나 땅 아래 물속에 있는 것의 어떤 형상도 만들지 말며 그것들에게 절하지 말며 그것들을 섬기지 말라 나 네 하나님 여호와는

질투하는 하나님인즉 나를 미워하는 자의 죄를 갚되 아버지로부터 아들에게로 삼사 대까지 이르게 하거니와 나를 사랑하고 내 계명을 지키는 자에게는 천 대까지 은혜를 베푸느니라(출 20:3-6).

우리나라 사람 치고 유교의 제사 문화에서 자유로운 사람은 많지 않을 것이다. 우리 집은 독실한 유교 집안이었다. 아버지는 종갓집의 막내아들이었는데, 제사에 대한 여러 가지 기억이 많은 것으로 보아 자주 제사를 지냈던 것 같다. 예수를 믿기 전에 나도 제사상에 절하라고 하면 시키는 대로 했다. 당대 꽤 높은 학벌을 자랑했던 부모님은 스스로 무신론자라고 하면서도 어려운 일을 당하면 점집에 가시곤 했다.

이런 가정의 영적 배경 때문에 결혼 후 예수를 믿기 시작했을 때부터 영적 공격이 극심했다. 3대째 믿는 가정의 남편과 결혼할 때도 친정에서 반대가 아주 심했는데 나는 그것이 영적 전쟁의 시작임을 미처 알지 못했다. 지금도 여전히 친정 쪽의 친인척들에게는 복음이 잘 들어가지 않는 데는 견고한 진이 있기 때문이라는 것을 기도 가운데 알게 하셨다.

예수를 믿고 나서 우상숭배가 하나님이 가장 가증이 여기시는 것 중 하나라는 사실을 알고 나는 하나님께 눈물로 회개했다. 나의 죄뿐 아니라 돌아가신 아버지와 어머니를 대신해서, 언니 오빠를 대신해서, 할아버지와 할머니를 대신해서 그들이 지은 모든 죄를 회개했다.

지금도 1대, 2대, 3대… 위로 올라가면서 그들이 몰라서 지은 우상숭배의 죄를 동일시하며 회개의 기도를 드린다. 그리고 우리 가계를 예수님의 보혈로 덮는다. 복음의 광채가 들어가지 못하게 방해하는 악한 영들이 다 물러가고 모든 영혼이 구원받을 날을 고대하면서….

하루는 어떤 성도가 울먹거리며 최근까지 점집에 다녔다는 사실을 고백했다. 자녀들에게 집착하다 보니 무슨 문제만 생기면 초조한 마음에 기도도 잘 안 되고 하나님의 뜻도 모르겠으니 점집에 가서 어떻게 해야 하는지 물어봤다는 것이다. 이렇게 고백하는 그에게는 이미 하나님의 은혜가 임해서 회개와 애통의 마음이 가득했다. 나는 그가 입술로 자신의 죄를 고백하도록 도와줬고, 그날 이후 그는 자신을 괴롭히던 것들로부터 자유로워졌다.

2012년 실시한 '한국 기독교인의 종교생활 의식 조사'에 따르면, 한국 기독교인의 30퍼센트가 점을 보고 있으며 90퍼센트가 혼합주의적 성향이 있다고 한다. 그뿐만 아니라 많은 그리스도인이 관상과 사주팔자를 보고, 윤회를 믿으며, 유일신과 재림을 믿지 않는다는 보고도 있었다. 이 문제는 앞으로 한국교회가 다루어야 할 심각한 문제가 아닐 수 없다.

그리고 한국교회가 합심해서 회개기도 해야 할 것 중 하나는 낙태의 문제다. 낙태는 명백한 죄이지만 지금도 암암리에 이루어지고 있고, 그리스도인 중에도 특별한 죄의식 없이 낙태하는 사람들이 있다.

인종적 편견과 불의에 대해서는 적극적으로 싸우는 사람들조차도 낙태는 용인하거나 장려하는 경우를 종종 본다. 인본주의나 민주주의는 한 사람의 인권과 권리를 매우 중요하게 생각하지만 신본주의는 더 나아가 한 영혼, 한 생명을 천하보다 귀히 여긴다. 그렇기 때문에 잉태된 한 생명에도 동일한 소중함을 가지고 봐야 한다.

태아일지라도 엄마가 자기 아이를 죽이는 사회가 과연 희망적인 사회일까? 하나님께서는 이것을 '살인'이라고 부르신다. 많은 나라에서 낙태로 인한 저주가 수백만의 사람을 망가뜨리고 있다. 이는 개인을 넘어 국가적 차원에서 회개해야 한다. 또 그것이 죄라는 것을 알고 했든 모르고 했든 낙태를 한 사람과 그 일에 관여한 사람들도 철저하게 회개해야 한다.

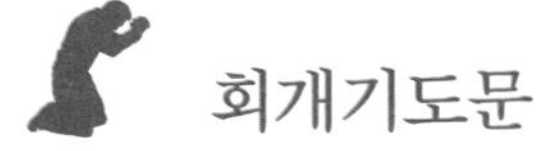

회개기도문

전능하신 하나님 아버지!

저와 저희 가정이 무지하고 어리석어 하나님이 진노하실
우상과 미신을 섬겼습니다. 그러나 사랑이 많으신 하나님은
저와 저희 가정을 긍휼히 여기사 구원해 주셨습니다.
이 시간 애통하며 저와 저희 조상들이 알고 지은 죄와 모르고 지은
모든 죄를 회개합니다. 용서하여 주옵소서.
하나님! 손금, 오늘의 운세, 관상, 토정비결, 사주팔자 등을 통하여
앞날의 운명을 알고자 했고 길흉화복을 점쳤습니다.
부적에 효능이 있다고 믿어 몸에 지니고 집안과 사업장에 붙이고,
굿을 하여 귀신을 불러들이는 끔찍한 죄를 저질렀습니다.
조상을 섬긴다는 명목 아래 온갖 제사를 드렸습니다.
이것은 조상을 섬기는 것이 아니라 귀신을 섬기는 것이었습니다.
하나님! 부처를 믿고 불교를 받아들인 죄를 용서하여 주옵소서.
절에 가서 불공을 드리고 방생하고 탑돌이를 하며 시주를 했습니다.
온갖 우상과 미신, 잡신을 섬겼습니다.
하나님이 만드신 피조물을 산신령, 지신, 용왕신이라 섬기며

기우제, 풍년제를 지냈습니다.

장승, 미륵, 돌탑, 단군상 등 온갖 우상을 만들어 놓고

그 앞에 절하며 섬긴 죄를 용서하여 주옵소서.

하나님! 정월 초하루 보름날 해와 달을 보며 소원을 빌었고

서낭당에 음식을 놓고, 때로는 돼지머리 앞에서 고사를 지내며

소원을 빌었습니다. 그리고 북어와 실을 매달아 놓는 죄를 졌습니다.

손 없는 날을 택하여 혼인하거나 이사하고,

장 담그는 미신을 믿고 따랐던 죄를 용서하여 주옵소서.

하나님! 온갖 사교와 이단에 미혹되었던 죄를 용서하시고

단전호흡과 요가, 기 치료를 받았던 죄를 용서하여 주옵소서.

하나님! 남편(아내)과 자녀와 돈과 재물과 명예와 쾌락과 취미가

우상이 되었던 죄를 용서하여 주옵소서.

하나님! 나와 나의 조상이 알지 못하고 지었던 학대, 범죄

그리고 낙태의 죄를 용서하시고 십자가의 보혈로 덮어 주시옵소서.

우리 주 예수 그리스도의 이름으로 기도합니다.

아멘

물과 성령으로 거듭났는지 점검하라

아프리카 콩고에는 리빙스턴(Livingstone)이라는 아주 유명한 폭포가 있다. 아프리카 중앙부를 흐르는 콩고 강 하류에 32개 폭포가 있는데 이를 통틀어 리빙스턴 폭포라고 한다. 스코틀랜드 탐험가이자 선교사였던 데이비드 리빙스턴(David Livingstone)을 기념하여 이름 붙여진 것이다.

리빙스턴은 말년에 선교하던 잠비아 밀림에서 그만 연락이 끊기고 말았다. 그를 찾기 위해 1871년 헨리 모턴 스탠리(Henry Morton Stanley)라는 독실한 그리스도인 탐험가가 아프리카로 들어갔다. 1년 만에 겨우 만난 리빙스턴은 식료품과 의약품이 거의 떨어진 채 심한 열병을 앓고 있었다. 스탠리는 그에게 간절히 권면했다.

"선교사님, 아프리카의 복음사역을 위해서 30년간 헌신해 오지 않으셨습니까. 이제 그만하시고 저와 함께 본국으로 돌아가시는 것이 어떻겠습니까?"

그 말에 리빙스턴은 이렇게 대답했다.

"아닙니다. 제게 있어서 아프리카의 선교사역은 헌신이 아니고 오히려 하나님께서 주신 큰 특권입니다. 저는 하나님께서 맡겨 주신 이 영광스러운 일을 생각할 때마다 가슴이 벅차서 견딜 수가 없습니다!"

그로부터 약 1년이 지난 1873년 5월 1일, 우리가 잘 아는 대로 리빙스턴은 침대 곁에서 무릎을 꿇고 두 손을 깍지 낀 채 하나님께 기도하는 모습으로 고요히 숨을 거두었다.

리빙스턴은 과연 무엇을 보았기에 이런 삶을 산 것일까? 단언컨대 그는 하나님의 나라를 보았기 때문이리라. 하나님 나라를 본 사람들은 그 나라를 사랑하게 되고, 삶의 가치관과 인생관, 비전이 달라진다.

당신은 어떤가? 하나님의 나라를 보았는가?

내주하시는 성령의 역사

거듭남의 기도는 어쩌면 신앙생활에서 가장 중요한 기도인지도 모른다. 왜냐하면 예수님은 물과 성령으로 거듭나지 않으면 하나님 나라를 볼 수도, 그곳에 들어갈 수도 없다고 말씀하셨기 때문이다.

우리의 구원과 신앙생활의 모든 과정은 성령의 역사 가운데 일어난다. 성령의 역사는 크게 내주하시는 역사와 위로부터 능력을 부어주시는 역사로 구분할 수 있다. 내주하시는 성령은 영어성경(NIV)에서 with us, in us(내주하심)라는 표현으로 사용되며 주로 우리의 구원과 내적인 성화를 위해 일하신다. 반면 위로부터 능력을 주시는 성령은 복음 전파, 그리고 영혼을 살리는 일과 관련이 있으며 upon us(임재하심)라는 단어로 자주 대치된다. (이 장에서는 내주하시는 성령의 기본 세례와 거듭남에 대해 다루려 한다. 위로부터 부으시는 성령의 역사는 '권능의 기도'장에서 다루겠다.)

1. 성령의 기본 세례

> 그러므로 내가 너희에게 알리노니 하나님의 영으로 말하는 자는 누구든지 예수를 저주할 자라 하지 아니하고 또 성령으로 아니하고는 누구든지 예수를 주시라 할 수 없느니라(고전 12:3).

예수 그리스도를 영접한 사람에게는 성령께서 내주하신다. 그걸

어떻게 알 수 있을까? 예전에는 도저히 믿어지지 않던 성경 말씀이 어느 날 깨달아지고 믿어지며 그 말씀이 삶 속에 적용되기 시작하는가? 그렇다면 당신에게도 성령세례가 임한 것이다. 이 세례는 일회적이며, 이것을 통해 자신이 구원받았음을 확인할 수 있다.

구원은 예수 그리스도를 주라 시인하고 믿는 자에게 주시는 은혜의 선물로, 어떤 상황과 문제가 있더라도 파기되지 않는 하나님의 약속이기도 하다. 단, 모태신앙인으로서 어려서부터 신앙적 분위기에서 자랐거나 하나님의 약속의 말씀을 잘 모를 경우 성령의 기본 세례가 임한 사실을 본인이 인식하지 못할 수도 있다.

구원은 마치 국적과도 같아서 본인이 포기하지 않는 한 한번 취득한 자에게는 영원까지 가는 하나님의 변함없는 약속이다. 사람에 따라서는 이 성령의 기본 세례가 나중에 설명할 거듭남과 함께 오는 경우도 있다.

25년 전 내가 교회를 처음 다니기 시작한 지 얼마 안 되었을 때의 일이다. 하루는 회식 자리에 참석했다가 배탈이 나서 밤새 고생을 한 적이 있다. 나는 예수님을 믿기 전에는 술 마실 기회가 있으면 빠지지 않던 사람이었다. 그러나 내게 은혜가 임하기 시작하자 술 마시고 싶은 마음이 점점 사라졌다. 그렇더라도 막상 회식 자리에 가면 술을 거절하지는 못했다.

그날도 예의상 맥주를 딱 한 모금 마셨다. 그날따라 유난히 맥주의 쓴맛이 느껴져 더는 마시고 싶지 않았다. 그렇게 회식을 마치고 집에 돌아와 누웠는데 갑작스런 복통에 잠을 이룰 수가 없었다.

'식중독에 걸렸나 보네. 아까 회식 자리에서 해물을 잘못 먹었나?'

아픈 배를 움켜잡고 화장실을 들락거리며 나는 이렇게 생각했다.

그로부터 일주일 후 또 다른 회식 자리가 있었다. 이번에는 와인이 나왔다. 일주일 전의 사건으로 나는 겁이 조금 났지만 거절하지 못하고 같이 건배를 했다. 대신 마시지는 않고 혀만 살짝 댔다가 내려놓았다. 그런데 그날 밤에도 속이 완전히 뒤집어져 생고생을 했다. 아무리 생각해도 탈이 날 만한 음식은 먹지 않았다.

'아, 하나님이 술 마시는 것을 기뻐하시지 않는구나!'

이런 깨달음이 오자 불현듯 하나님이 두려워졌다. 그런데 그 두려움은 먼 하늘이 아닌 내 안에 살아 계신 하나님에 대한 경외심이었다. 그리고 성령의 전인 내 몸을 함부로 해서는 안 되겠다는 생각이 들었다.

그 후 누가 세계에서 가장 비싸고 좋은 술을 사 준다 해도 거들떠보지도 않게 되었다. 술 생각만 해도 소름끼치게 싫어지면서 자연스럽게 술을 끊게 되었다. 성령이 오시면 내 안의 나쁜 습관들이 저절로 끊어진다는 것을 몸소 체험한 첫 번째 사건이었다. 이후 나는 이 놀라우신 성령 하나님을 더욱 사모하게 되었다.

> 너희는 너희가 하나님의 성전인 것과 하나님의 성령이 너희 안에 계시는 것을 알지 못하느냐(고전 3:16).

현대의 많은 사람이 중독에 시달리고 있다. 술, 도박, 마약, 음식, 미디어, 포르노, 게임, 스마트폰 심지어 일중독에 이르기까지 현대인들은 다양한 중독에 빠져 있다. 때로는 여러 방법을 동원하고 많은 비용을 들여 중독에서 벗어나려고 노력하지만 대부분의 경우 실패로 끝나 이전보다 더 고통스러운 시간을 보내는 사람들도 있다. 그런 이들을 볼 때면 정말 안타깝다.

그리스도인이라고 예외는 아니다. 스트레스를 받거나 힘든 일을 만나면 우리는 누구나 위로받기를 원한다. 취미나 평소 즐겨하는 것을 통해 고통과 스트레스에서 벗어나려는 시도는 나쁜 것이 아니다. 때로는 그런 시간도 필요하다. 그러나 이것이 반복되면 곤란하다. 힘든 상황이 올 때마다 주님을 의지하기보다 내가 좋아하는 것을 탐닉함으로써 일시적으로 상황을 잊어버리려는 시도는 결국 중독에 이르게 하기 때문이다. 그러면 의지는 점점 약해지고 성령이 아닌 중독에 의해 조종당하는 비참한 삶이 되고 만다.

당신이 만약 이런 상황에 처해 있다면 주님만 바라보며 그분께 열심히 달려 나가라. 우리의 치유자 되시는 주님은 자신을 간절히 찾는 자를 결코 외면하시지 않는다. 그분은 우리를 치유하시고 자유케 하기 위해 오신 분이다.

당신의 연약함을 인정하고 갈급함으로 주님께 구할 때 빛 되신 예수님이 당신 삶에 들어오신다. 그러면 우리에게 고통을 주던 죄와 중독을 조종하는 어두움은 떠나갈 수밖에 없다.

> 주의 성령이 내게 임하셨으니 이는 가난한 자에게 복음을 전하게 하시려고 내게 기름을 부으시고 나를 보내사 포로 된 자에게 자유를, 눈먼 자에게 다시 보게 함을 전파하며 눌린 자를 자유롭게 하고 주의 은혜의 해를 전파하게 하려 하심이라 하였더라(눅 4:18-19).

2. 거듭남(중생, born again christian)

> 예수께서 대답하여 이르시되 진실로 진실로 네게 이르노니 사람이 거듭나지 아니하면 하나님의 나라를 볼 수 없느니라(요 3:3).

한적한 밤에 예수님의 거처로 찾아온 니고데모에게 주님은 물과 성령으로 거듭나지 않으면 하나님 나라를 볼 수도, 들어갈 수도 없다고 말씀하신다. 그렇다. 하나님 나라는 거듭난 사람만이 볼 수 있고 거듭난 사람만이 들어갈 수 있다.

성령이 내주하시는 역사 중 하나가 거듭남이다. 성도가 거듭나면 가치관과 인생관이 바뀐다. 하나님의 눈으로 자신과 인생을 바라보는 관점의 전환이 일어나는 것이다. 이전에 소중히 여기던 가치라 하더라도 하나님의 관점에서 중요하지 않다면 그것을 과감히 버릴 수 있는 용기도 따라온다. 삶의 목표도 달라지기 때문에 당연히 행동도 이전과 달라진다.

그리고 이전에는 맛보지 못하던 천상의 기쁨과 평안으로 처한 상황과 문제를 이길 수 있는 힘을 얻게 된다. 이것은 우리의 노력이 아닌 성령의 역사다. 그러니 유대 율법에 따라 자기 힘과 노력으로 올바르게 살고자 애쓰던 니고데모에게 이러한 거듭남의 역사는 난해할 수밖에 없었다. 거듭남은 거듭난 자만이 알 수 있는 것이기 때문이다.

> 예수께서 대답하시되 진실로 진실로 네게 이르노니 사람이 물과 성령으로 나지 아니하면 하나님의 나라에 들어갈 수 없느니라(요 3:5).

'물'은 거듭남을 위해 죄를 씻기시는 회개의 역사를 말한다. 여기서 회개란 지난날 살면서 지은 여러 가지 죄에 대한 회개라기보다는 하나님을 부인한 죄 또는 하나님을 믿는다고 하면서도 여전히 자신이 주인 되어 살던 패역한 인간 실존에 대한 철저한 회개를 가리킨다. 그러므로 회심은 인생의 완전한 방향 전환을 의미하는 '유턴'(U-Turn)으로 비유되기도 한다.

> 회개하라 천국이 가까이 왔느니라 하였으니(마 3:2).

임신한 여인은 뱃속에 있는 새 생명의 태동을 느낄 수 있다. 이와 같이 우리에게도 성령이 임하시면 우리 안에 있는 새 생명을 감지하는 영적 자각 증상이 생긴다. 우리 안의 새 생명, 즉 성령을 통해서 펼쳐지는 하나님 나라를 조금씩 감지하게 되고, 죽음 후에는 이 생명을 통하여 하나님 나라, 천국에 들어가게 된다.

그런 의미에서 구원이란 죽고 난 후에 들어가는 천국행 티켓을 손에 넣는 것이 아니라 인생의 새 주인이신 주님의 인도하심을 받아 이미 내 안에 시작된 하늘나라를 경험하며 사는 것이다.

> 예수께서 대답하여 이르시되 하나님의 나라는 볼 수 있게 임하는 것이 아니요 또 여기 있다 저기 있다고도 못하리니 하나님의 나라는 너희 안에 있느니라(눅 17:20-21).

외대 도상에서 만난 예수님

'나는 정말 대단해! 세상에서도 아주 잘나가는데 게다가 믿음도 좋단 말이야! 나 같은 사람 있으면 나와 보라고 그래.'

나는 지금도 생생하게 기억하고 있다. 1997년 5월의 어느 날, 나는 여느 때와 마찬가지로 출근하는 길이었다. 당시 나는 방송 활동을 하며 외대에 출강하고 있었다. 교회에서는 '전도폭발' 과정을 훈련받으며 많은 사람을 전도했기 때문에 목회자들과 성도들의 칭찬을 한 몸에 받고 있었다.

그날은 외대에 강의가 있어 출근하는 길이었다. 그런데 문득 마음속에서 이런 소리가 들려왔다. 내 안의 하늘을 찌르는 교만과 자기 의가 합세하여 맞장구를 치고 있었다. 그런데 그와 동시에 마음 한편에서는 다른 음성이 들려왔다.

'너 정말 교만하구나!'

순간 칼로 찔린 듯한 통증이 느껴졌다. 그리고 그 통증은 나의 영혼과 몸을 짓눌러 숨도 제대로 쉴 수가 없게 만들었다. 또한 그것은 나의 죄의 무게처럼 거대하게 느껴졌다.

그 후 어떻게 운전을 했는지 모르겠다. 가까스로 학교에 도착해 최대한 가까운 곳에 차를 세웠다.

“맞아요. 저 참 교만하죠? 너무 교만해요. 정말로 구제불능이네요.”

바로 그때 예수님이 눈앞에 서 계셨다. 그리고 나를 바라보시며 말씀하시는 게 느껴졌다.

“내가 너 같은 죄인을 위해서 죽었노라.”

주님의 강한 임재 앞에 나는 고꾸라질 수밖에 없었다. 큰 유리창이 충격을 받아 산산조각 나며 무너져 내리듯 내 자아가 부서지는 소리가 내면에서 들렸다. 주님의 임재 앞에서는 감히 숨 쉴 자가 한 명도 없다는 생각이 들었다.

그 후 예수님의 형상은 사라졌지만 나는 그 자리에 주저앉았다. 너무 괴로웠다. 나의 모든 것이 죄성에 찌들어 있고 나의 존재 자체가 죄악 덩어리라는 것, 그것을 감당할 수 없어 미칠 것 같았다. 이 세상에 나 같이 사악한 죄인은 없는 것 같았다. 그리고 나에겐 아무런 소망이 없는 것처럼 느껴졌다. 어찌할 수가 없어 발을 동동 구르며 한참을 곡을 하듯 울었다.

그러고 나서 일주일가량은 입맛도 없었다. 바울의 고백처럼 나 같은 사람은 먹을 자격도 마실 자격도 없는 것 같았다. 눈뜨면 눈물이 하염없이 흘렀다. 나는 회개하고 또 회개했다. 일주일 동안 이런 상태에서 기도만 했는데 어느 날 눈에서 비늘이 벗겨진 것처럼 이전과는 너무나 달라진 나를 발견했다. 그렇게 나는 새로운 피조물이 되어 있었다.

'예수님의 십자가가 이런 의미였구나! 죄성으로 똘똘 뭉친 나를, 내 힘과 노력으로는 도저히 해결할 수 없는 문제를 예수님이 십자가에서 다 해결하신 거구나!'

그 후 몇 년 동안 십자가를 똑바로 쳐다볼 수가 없었다. 십자가를 바라볼 때면 그날의 칼에 찔린 듯한 느낌이 되살아나서 견딜 수가 없었기 때문이다. '우리'라는 막연한 대상이 아닌 바로 '나' 때문에 돌아가신 예수님을 바라보는 것이 너무도 고통스러웠기 때문이다.

이전에 머리로만 알던 진리가 심령의 깨달음으로 이해되기 시작했고, 하나님은 신비한 방법으로 천상의 모습을 잠시 잠깐 보여 주시기도 했다. 하루는 흰옷을 입고 천성을 향해 올라가는 성도들을 보여 주셨는데, 부드러운 옷자락이 쓸리는 소리와 함께 그들의 모습이 얼마나 평안하고 초연하던지, 천성 가는 길이 이렇게 거룩하고 황홀한 것이구나 싶어 사모함까지 생겼다. 단순히 머리로만 알고 있던 '예수 믿으면 천국 간다'는 말이 전혀 다른 차원으로 이해되는 순간이었다.

이 거듭남의 사건 이후 내 가치관과 인생관은 180도 달라졌다. 나는 명품을 좋아하고 세상적인 것을 즐기는 욕심 많은 사람이었다. 사람들이 인정하는 멋져 보이는 것을 추구했고, 주님도 좋지만 세상의 권력과 명예와 부도 결코 떠나보낼 수 없던 사람이었다.

하지만 예수님을 만난 후 나는 완전히 달라졌다. 주위 사람들로부터 '너무 달라졌다'는 말을 들어도 별로 신경이 안 쓰였다. 하나님 나라를 맛보니 세상적인 즐거움이 모두 시들해졌다. 예배에 대한 사모함과 하나님의 진리의 말씀에 대한 갈급함, 기도에 대한 갈망이 세상적인 관심을 초월하게 만들었다. 그리고 영혼에 대한 관심, 그들에게 복음을 전하고 싶은 소원이 불 일듯 일어났다. 사도 바울이 복음에 빚진 자라고 했는데 그 말이 십분 이해됐다. 오직 하나님의 영광을 위해서 푯대를 향해 달려가는 인생이 되기를 갈망했다.

물과 성령으로 거듭나지 않으면

전과 후를 대비해서 보여 주는 것만큼 확실한 광고 효과는 없는 것 같다. 가장 대표적인 것이 성형외과 광고다. 성형외과 광고들은 수술 전과 후의 사진을 나란히 배치하고 비교해 보도록 한다.

나는 그리스도인의 거듭남도 이와 같다고 본다. 정말로 거듭난 사람은 거듭나기 전과 후가 확실하게 구분된다. 나의 경우 예수님을 처음 믿기 시작해서 물과 성령으로 거듭나기까지 8년의 시간이 걸렸다.

그럼 거듭나기 전에는 하나님의 은혜가 없었는가? 그건 아니다.

그때도 하나님의 은혜를 맛보았기에 교회도 열심히 다니고, 성경을 읽고, 기도하고, 전도도 했다. 그럼에도 불구하고 그때는 무언가 형용할 수 없는 공허함과 부족함을 느끼며 신앙생활을 했다. 거듭남의 기준이 무엇인지 평신도 때도 여러 목사님들께 물어봤지만 확실하게 대답해 준 분은 없었다. 다만 내 경우에 비추어 한 가지 팁을 줄 수는 있다.

나의 경우 거듭나기 전에는 예수님에 대해 석연치 않은 부분이 있었다. 그것은 우주 만물을 창조하신 하나님도 알겠고 성령 하나님도 이해가 되는데 어떻게 사람이 신이 될 수 있다는 말인가 하는 점이었다. 타 종교에서 예수님을 선지자나 훌륭한 성자로 보듯이, 나 역시 예수님은 훌륭하고 본받을 만한 분이지만 그분을 하나님이라고까지 부추기는 것은 기독교의 꼼수라고 내심 생각했다.

그러나 예수님을 만난 후 나는 도마의 고백처럼 "나의 주님이시요 나의 하나님이시니이다!"(요 20:28)라고 외쳤고, 누가 나의 목에 칼을 댄다고 할지라도 예수님이 나의 구원자이시고 나의 주님이시라는 것을 부인할 수 없게 되었다.

내가 이런 체험에 대해 말하면 많은 성도가 자신은 모태신앙이기 때문에 그런 체험은 없다고 말한다. 나의 남편도 그랬다.

남편은 3대째 하나님을 믿는 가정에서 모태신앙인으로 자랐다. 예배는 물론 성경도 열심히 읽었고 봉사도 했으며 교회에 유명한 부흥강사가 오면 꼭 참석했을 정도로 교회생활에 열심이 있는 청년이었다. 그런 남편이 대학 예과 2학년에 재학 중일 때 충격을 받은 일이 있었다고 한다.

수업이 끝난 어느 날 남자 친구들끼리 소위 '재미난 곳'에 가자고 의견을 모았단다. 들떠서 이야기하는 친구들 사이에서 남편은 갈 수 없다고 말했다. 한 친구가 의아한 표정을 지으며 왜 못 가느냐고 되물었다. 남편은 하나님을 믿기 때문에 그런 곳에 갈 수 없다고 대답했다.

"하나님을 믿기 때문에 못 간다고? 너 하나님이 있는 것 확신해?"

친구의 질문에 남편은 갑자기 말문이 턱 막혀서 아무 대답도 할 수 없었다.

'지금껏 하나님이 살아 계시다고 믿었는데 정작 확신 있게 말할 수 있는 게 아무것도 없구나!'

그날 남편은 적잖은 충격을 받았다. 이건 아니다 싶었다. 남편은 하나님과 담판을 짓기로 마음먹었다. 하나님이 정말로 살아 계시다면 보여 달라고, 그렇지 않다면 때려치우겠다고 결심한 것이다.

마침 그즈음에 남편이 속한 기독교 동아리에서 수련회가 있었다. 치과대학생과 간호대학생들이 의료시설이 낙후한 시골에 가서 의료봉사를 하는 동아리였다. 남편은 수련회장에 도착한 뒤 인근 산에 홀로 올라 간절히 기도했다. 나무를 뽑고야 말겠다는 심정으로 오직 한 가지를 구했다. 하나님이 살아 계시다면 나를 만나 달라고, 내게 보여 달라고 목이 터져라 부르짖었다.

놀랍게도 하나님은 수련회 첫날 남편을 만나 주셨다. 개인 기도를 마치고 산에서 내려와 저녁 집회를 할 때였다. 목사님이 설교 중에 예수님이 십자가에 못 박히시는 장면을 말씀하시는데 갑자기 남편의 손목- 예수님이 못 박히신 곳과 같은 자리-에 망치로 못을 박는 고통이 느껴졌다. 남편은 너무 아파서 자기도 모르게 '으악~' 하고 소리를 지르며 데굴데굴 굴렀다. 갑작스런 비명에 사람들의 시선이 쏠렸다. 그러나 통증은 쉬 사라지지 않았고 너무 아파서 터져 나오는 소리를 막을 수가 없었다. 그런데 그때 예수님이 남편 앞에 나타나 "바로 너 같은 죄인을 위해서 내가 죽었노라"라고 말씀하시는 게 아닌가. 그분의 환상을 보고 음성을 들으니 더더욱 견딜 수가 없었다.

'아 하나님이 살아 계시는구나! 나 같은 죄인을 위해서 만왕의 왕이신 예수님이 십자가에서 그 고통을 당하고 돌아가셨구나!'

순간 남편은 그동안 하나님께 지은 죄들이 하나씩 떠오르며 마음 깊은 곳에서부터 회개가 터져 나왔다. 눈물 콧물 다 쏟으며 주님의 용서를 구했다. 그러는 동안 목사님이 다가오셔서 안수기도를 해 주셨는데 그때 강력한 성령의 임재가 느껴지더니 곧 방언이 터졌다. 그날 남편은 거듭났다. 완전히 새로운 사람이 된 것이다.

그날 이후 남편은 마치 자신이 구름에 붕 뜬 것 같았다고 한다. 십자가만 생각하면 눈물이 나고, 입만 열면 예수님 이야기를 하고, 나가서 전도하기 시작했다. 전도하려고 입을 열 때마다 나오는 말은 마치 자기가 하는 소리 같지 않았다. 성경에 대한 지식과 이해도 이전과 달라졌다.

무엇보다 동아리에서 가가호호 방문해 예수님을 전했는데 전하는 곳마다 주님을 영접하는 일이 일어났다. 그뿐만 아니라 자신이 만난 예수님에 대한 간증을 하면 많은 사람이 주께 돌아오는 역사들이 나타났다. 그때 남편의 아버지도 주님께 돌아왔다.

이런 극적인 체험은 없을지라도 나를 위해 죽으신 십자가의 예수님을 인격적으로 만나고 자신의 가치관과 인생관이 달라졌다면 그는 거듭난 사람이다. 하지만 예수를 믿으면서도 여전히 세속적인 가치관과 인생관을 따라 결정하고 생각하며 여전히 내가 주인 된 자기중심적인 삶을 살고 있다면 하나님께 거듭나게 해 달라고 기도해야 한다.

바리새인이요 유대인의 지도자였던 니고데모도 밤중에 예수님을 찾아오지 않았던가. 교회 내의 직분이나 신앙 연수가 당신의 구원을 보증해 주지 않는다. 물과 성령으로 거듭나지 않으면 하나님의 나라를 볼 수도, 그곳에 들어갈 수도 없다고 예수님은 말씀하셨다. 정말 중요한 것은 '당신이 거듭났는가'이다. 거듭났는지 잘 모르겠는가? 그렇다면 새 생명을 부어 주시고, 회개의 영을 부어 주시도록 간구하라.

나는 사역 중에 성도들에게 종종 이런 질문을 한다.

"당신에게 예수님은 누구십니까? 그분을 인격적으로 만난 이후 당신의 가치관과 인생관은 바뀌었습니까?"

거듭난 사람들

선다 싱(Sundar Singh)은 1889년 인도 북부의 작은 동네에서 부유하고 독실한 힌두교 가정의 막내로 태어나 부모님의 특별한 사랑을 받으며 자랐다. 그는 기독교계 초등학교에 들어가 공부하게 되었는데, 그곳에서 성경을 가르치는 선교사들이 너무나 미워서 친구들이 보는 앞에서 성경을 갈기갈기 찢은 후 불태워 버렸다고 한다.

그런 그는 자신이 몸담고 있던 힌두교에서 진리를 찾지 못해 방황하기 시작했고, 어느 날 혹시 자신이 찢어 버린 성경에서 도움을 받을 수 있을까 싶어 성경을 읽기 시작했다. 성경을 읽으면서 감동이 없던 것은 아니지만 그의 영적 갈급함을 해갈하지는 못했다. 그래서 선다 싱은 굳게 결심하고 기도했다. '참 신을 찾지 못하면 죽고 말겠다'는 심정으로 3일 동안 금식하며 골방에서 결사적으로 부르짖었다.

"신이여! 만일 당신이 정말 살아 계시다면 저를 만나 주소서!"

"신이여! 만일 내일 급행열차가 지나가기 전까지 나타나 주시지 않으면 저는 열차에 몸을 던져 죽겠습니다!"

그는 밤을 새워 신을 찾아 간구했다. 어느덧 새벽이 되었다. 방문 쪽에서 환한 빛이 비치며 흰옷 입은 사람이 나타났다. 머리에는 가시관이 씌워져 있었고 양손에는 피가 흐르고 있었다. 그리고 이런 음성이 들렸다.

"선다 싱! 나는 너를 구원하러 왔다. 나는 나사렛 예수다!"

그날 선다 싱은 거듭났다. 이후 그는 맨발로 인도 전역을 돌며 복음을 전하는 전도자요, 많은 사람이 존경하는 성자가 되었다.

변호사였던 찰스 피니(Charles G. Finny)는 하나님의 사람으로 거듭났을 때의 일을 이렇게 고백한다.

"성경을 읽을수록 나는 내가 죄인임을 점점 더 느끼게 되었습니다. 겉으로는 냉담한 척했지만 내 마음속 깊은 곳에서는 어느덧 간절히 하나님을 찾기 시작했습니다. 그러던 어느 날 구원은 하나님께서 죄인들에게 값없이 주신 '선물'임을 깨닫고서, 이제 죄를 끊고 그리스도를 받아들이기로 결정했습니다.

그렇게 결정을 내린 후로는, 별로 선하지 못한 의뢰인들의 법적

탈출구나 만들어 주는 일에는 더 이상 관심이 없어졌습니다. 변호사 일을 계속하는 것이 내키지 않았던 것입니다. 돈을 많이 벌 생각도 없었고, 그것이 어떤 것이든 세상적인 즐거움과 재미에는 흥미를 잃어 갔습니다. 반면 이 세상의 어떤 수고도, 죽어 가고 있는 이 세상에 그리스도의 구원이 있음을 알리는 그 일보다 더 가치 있는 것은 없어 보였습니다. 이 세상의 그 어떤 것과도 바꿀 수 없는 영혼의 가치를 깨닫게 된 것입니다.

나는 또 한 번 결단을 내릴 수밖에 없었습니다. 주 예수 그리스도의 소송 의뢰를 맡은 변호인으로서, 그분의 탄원을 사람들에게 호소하는 데 나의 일생을 드리기로 말입니다."

모든 사람이 거듭난 후 복음 전도자나 목사가 될 필요는 없다. 하지만 거듭난 사람들에게서 공통적으로 발견되는 특징이 있다. 그것은 그들이 하나같이 하나님의 나라와 의를 먼저 구하며 하나님의 영광을 위해 살아간다는 것이다.

거듭남을 위한 기도문

우주 만물을 창조하신 하나님!

저는 아직 거듭남의 확신이 없습니다.

예수님께서는 물과 성령으로 거듭나지 않으면

하나님 나라에 들어갈 수도, 볼 수도 없다고 말씀하셨는데

저는 니고데모와 같이 그저 그 모든 것이 막연합니다.

저를 긍휼히 여기사 회개의 영을 부어 주소서.

제 눈의 비늘이 떨어져 예수님의 십자가 은혜를

머리로 아는 것이 아니라 심령으로 확실히 깨달아 거듭날 수 있도록

성령을 부어 주시길 간절히 원합니다.

우리의 영원한 구원자 되시는 예수님의 이름으로 기도드립니다.

아멘.

사람이 물과 성령으로 나지 아니하면
하나님의 나라에
들어갈 수 없느니라

새 생명과 치유의 능력을 입히다

내가 처음 교회에 나간 지 1년쯤 됐을 때의 일이다. 그때 나는 NHK 위성방송 서울지국에서 일하고 있었다. 그런데 자주 소화가 잘 안 되고 얼굴에 자꾸 트러블이 생겼다. 이제 막 HD 방송을 선보인 무렵이라 피부 트러블이 여간 신경 쓰이는 게 아니었다. 이 문제로 고민하던 내게 남편은 시댁에 새로 온 도우미 아주머니를 한번 만나 보라고 했다. 아주 능력 있는 분이 왔다면서….

첫눈에 보기에도 좀 무서운 인상인데다가 사투리가 심해서인지 나는 가끔 그분의 말을 잘 알아듣지 못했다. 하지만 그동안 내가 알던 그리스도인들과는 확실히 다른 무언가가 느껴졌다. 그도 그럴 것이 그분이 일을 하기 위해 시댁에 들어서면 모든 사람이 잡담을 하다가도 조용해졌고 심지어 숙연해지기까지 했다.

"예배드립시다."

목소리가 좀 쉰 듯하면서도 우렁찬 목소리로 집안일을 하기 전에 예배부터 드리자고 우리를 한자리에 모이게 했는데 그 거역할 수 없는 권위에 순종하여 우리는 다소곳이 무릎을 꿇고 앉아 그분이 하는 대로 박수를 치며 찬양을 불렀다.

"주의 보혈 능력 있도다…."

그렇게 그날 예배를 드리고 나서 그분이 나를 위해 기도해 주었는데 놀랍게도 저녁에 집에 돌아가 보니 얼굴에 났던 트러블들이 감쪽같이 사라졌다.

"집사님, 여드름이 사라졌어요!"

나는 거울을 들여다보다가 깜짝 놀라 도우미 아주머니에게 전화를 걸었다. 직접 보고 만지면서도 믿기지 않을 정도로 놀라운 일이었다. 고민거리가 해결돼서 정말 기뻤지만, 한편으로는 어떻게 순식간에 이런 일이 일어날 수 있는지 무척 궁금했다. 그러나 그분에게 이런 일은 다반사인 듯 아주 태연했다. 당연히 그렇게 될 줄 알았다는 반응이었다.

도우미 아주머니는 오순절 교단의 교회를 다니는 집사님인데 집안 형편이 어려워 가사도우미를 한다고 했다. 무엇보다 집사님은 믿음으로 사는 분이었다. 하루에 3시간 이상 기도를 해서인지 은사도 많았고 가는 곳마다 역사도 많이 일어났다. 사실 우리 시댁에서도 목사가 세 명이나 있었고 시부모님도 장로와 권사 직분으로 교회를 섬기는 믿음의 명가라 할 만했지만 이런 능력은 처음 보았다.

'이 사람한테는 뭔가 능력이 있어.'

그분의 기도를 자세히 관찰해 보니 특징이 있었다. 그것은 항상 우렁찬 소리를 내는 발성기도, 부르짖는 기도를 많이 한다는 것, 또 하나는 보혈의 기도를 많이 한다는 것이었다. 그때부터 나는 그분을 따라 부르짖는 기도를 하기 시작했고 어려운 일을 만나면 '예수의 피'로 덮는 기도를 했다.

당시에는 보혈의 의미도, 그 능력도 제대로 알 턱이 없었다. 하지만 어려운 일을 만나거나 두려운 마음이 들면 그분의 말대로 '예수의 피'로 나와 그 상황을 덮는 상상을 하며 기도했다. 그러면 거짓말처럼 마음의 답답함도 사라지고 문제도 해결되는 것이었다.

당시 장로교회에서 보혈기도란 아주 생소했다. 그러나 나는 보혈기도를 할 때면 매번 우연이라 하기에는 너무나 확실한 응답을 받았고, 그런 일이 반복되고 쌓이면서 보혈의 능력을 점점 더 확신하게 되었다.

무한 보혈의 능력

내가 그랬듯이 실생활에서 보혈의 능력을 체험하는 그리스도인들이 많다. 《보혈의 능력》을 쓴 맥스웰 화이트(Maxwell Whyte) 목사도 일찍이 보혈의 능력을 삶 속에서 누린 인물이다. 제2차 세계대전 당시 영국에서 살던 그는 계속되는 독일 폭격기의 공습 때문에 몹시 두려운 시간을 보내고 있었다. 특히 밤이 무서웠단다. 그래서 매일 잠자리에 들기 전에 아이들과 함께 예수님의 보혈로 그가 살던 집과 가족을 덮어 달라고 기도했다. 그는 당시 상황을 그의 책에 이렇게 기록하고 있다.

"언제 우리에게 폭탄이 떨어질지 모르는 위험 속에 살면서도 우리는 아이들과 함께 매일 밤 한 번도 깨지 않고 편안히 누워서 잘 수 있었다. 그때 우리를 보호해 주신 예수님의 보혈의 능력이 너무도 생생해서 마치 우리가 어떤 종류의 폭탄에도 끄떡없는 튼튼한 방공호 속에서 잠을 자는 것 같았다. 당시 우리 스스로도 예수님의 보혈이 세상에서 가장 안전한 방공호라고 이야기하곤 했다. 어느 날, 우리 집을 중심으로 반경 1.2킬로미터 이내에 폭탄 13개가 떨어졌을 때도 우리 집 건물 일부가 사소한 피해를 입었을 뿐 가족 모두는 무사했다."

화이트 목사는 그의 저서에서 이밖에도 예수의 피를 간구해 응답받은 일화를 여러 편 소개하고 있다. 그중에 하나만 더 소개하고자 한다. 위의 사례가 전쟁이라는 특수한 상황에서 경험한 일이라면 이번에 소개할 일화는 일상생활에서 일어난 일이다.

어느 날 밤 그는 급히 자동차가 있는 곳으로 가다가 그만 차고 벽에 박힌 못에 이마를 찔리고 말았다. 이마에는 큰 상처가 났다. 화이트 목사는 즉시 예수님의 피를 간구하기 시작했는데 30분이 지난 후 그의 이마에는 다친 흔적조차 남지 않았다고 한다. 그래서 그는 살아서 역사하시는 보혈의 외침과 그 능력이 단 한 번도 실패하는 것을 보지 못했다고 말한다.

그리고 그는 예수님의 보혈을 어떻게 사용해야 하는지 다음과 같이 설명한다.

"자연계에서는 전염병이 돌지 않도록 소독약을 사용한다. 소독약을 가져다가 감염된 곳에 뿌리면 그곳에 있는 모든 세균과 유기체들이 죽기 때문이다. 우리는 영적으로도 동일한 일을 행해야 한다. 우리는 사탄이 활동하는 모든 곳에 유일한 해독제, 즉 예수님의 피를 사용해야 한다. 보혈 외에 대용품은 있을 수가 없다. 기도와 찬송, 예배, 헌신과 같은 것은 모두 우리가 하나님께 나아가는 데 도움을 준다. 그러나 부패를 막는 효력이 있는 유일한 중화제는 예수님의 보혈이다. 이런 까닭에 사탄은 항상 교회에서 예수님의 피를 제거하려고 노력한다. 만일 이 영적 소독약이 없다면 사탄은 우리의 영과 혼과 몸 안에서 치명적인 멸망의 사역을 거리낌 없이 계속할 것이다."

르우벤 아처 토레이(Reuben Archer Torrey) 목사 역시 그의 사역과 말씀 가운데 보혈의 능력을 강조한다. 그는 "하나님의 능력을 알려면 우리는 반드시 보혈의 능력을 알아야 한다. 우리가 체험할 수 있는 말씀의 능력, 성령의 능력, 기도의 능력은 우리가 보혈의 능력을 얼마만큼 알고 있는가에 달려 있기 때문이다"라고 설명한다.

유월절 어린 양의 피로 덮으라

> 육체의 생명은 피에 있음이라(레 17:11).

피는 생명을 의미한다. 의사들은 수세기에 걸쳐서 피가 혈관을 통해 산소와 영양분을 우리 몸 각 조직으로 운반한다는 사실과 인체가 질병으로부터 감염되는 것을 막아 주는 면역 작용을 한다는 사실을 발견했다. 이처럼 피는 생명 유지에 필수적일 뿐만 아니라 생명을 보호해 주는 중요한 기능을 한다.

예수님의 피는 그분의 생명이다. 그러므로 그분의 피로 우리를 씻어 주고 덮어 달라고 기도할 때 그분의 생명이 우리에게 임하게 된다. 너무 자주하기 때문에 때로는 별 생각 없이 하기 쉬운 성찬식에서 우리가 마시는 포도주는 주님의 피를 상징하는데, 이러한 성찬은 주님의 임재를 초청하는 놀라운 의식이다. 실제로 종종 성찬 중에 주님과 인격적인 만남이 이뤄지기도 한다. 그것은 우리가 성찬식에 참여할 때 예수님께서 친히 오셔서 우리와 깊은 사귐을 갖기 원하시기 때문이다.

> 우리가 축복하는 바 축복의 잔은 그리스도의 피에 참여함이 아니며 우리가 떼는 떡은 그리스도의 몸에 참여함이 아니냐(고전 10:16).

나는 보혈의 놀라운 능력을 경험한 이래 줄곧 보혈기도를 즐겨하게 되었다. '어린 양 예수 그리스도의 보혈'로 덮는 기도 말이다. 골고다 언덕의 십자가 위에 달리신 예수님을 상상하며 나 자신은 물론 가족 한 사람 한 사람을 주님의 보혈로 덮는 기도를 한다. 주님의 보혈로 덮을 때 마음의 시험과 유혹, 두려움, 우울함, 혼미하고 산만한 생각과 요동치는 감정에서 벗어나게 되며, 담대함과 평안이 임하는 축복을 누리게 된다.

현재 남편은 교정치과 전문병원을 운영하며 환자들을 돌보는데 가끔 정서적으로 불안하고 자주 폭발하는 환자들이나 부모가 내원하면 직원들이 어려움을 겪곤 한다. 그럴 때면 남편은 내게 기도를 요청한다. 그러면 나는 그곳을 보혈로 덮으며 기도한다. 그럴 때 많은 상황들이 평화롭게 해결되는 것을 경험한다.

멀리 타국에서 유학 중인 자녀를 보호하고 지켜 줄 이도 내가 아닌 주님임을 알기에 아이들을 위해서도 주의 보혈로 덮는 기도를 한다. 예수님의 보혈의 기도를 드릴 때 그곳에 생명으로 역사하시는 분이 바로 예수님 자신이기 때문이다.

그뿐만 아니라 내가 지금 맡고 있는 사역과 기도 제목이 되는 상황과 문제, 중보기도 하는 대상 등을 주님께 올려 드리며 그분의 보혈로 덮는다. 그때마다 사역 위에 임재하시고 상황을 평정해 주시며 문제를 선하게 해결해 주시는 주님의 응답을 체험한다.

초대교회의 성도들이 갖은 고난과 핍박 그리고 영적 공격에서 자신의 믿음을 지킬 수 있었던 것은 복음의 진리와 어린 양의 피의 능력을 정확히 알았기 때문이다.

> 또 우리 형제들이 어린 양의 피와 자기들이 증언하는 말씀으로써 그를 이겼으니 그들은 죽기까지 자기들의 생명을 아끼지 아니하였도다(계 12:11).

어린 양의 피는 예수 그리스도께서 십자가에서 흘린 보혈을 상징한다. 또한 여기서 '그'는 '온 천하를 꾀는 자', '하나님 앞에서 참소하는 자'라는 설명이 앞 절에서 나오듯이 사탄, 마귀를 의미한다. 즉 예수 그리스도의 어린 양의 보혈이 아니고는 악한 사탄, 마귀가 세상의 교묘한 방법으로 우리를 유혹하거나 우리의 연약함을 가지고 참소하고 정죄하는 불화살를 막을 수 없다는 것이다.

어린 양의 피의 유례는 이스라엘 민족의 출애굽 사건으로 거슬러 올라간다. 하나님께서는 애굽에서 노예로 살던 이스라엘 자손의 신음 소리를 듣고 아브라함과 맺은 언약을 기억하신다. 그들을 바로의 통치에서 벗어나 가나안 땅으로 인도하기로 하신 것이다.

바로는 모세를 통해 이스라엘 백성을 내보내라는 메시지를 계속해서 받았음에도 불구하고 점점 더 완고한 태도를 취함으로 결국 멸망을 자초하게 된다. 하나님께서는 애굽에 열 가지 재앙을 내리는데 그 마지막 재앙은 애굽 땅에 있는 모든 처음 난 것의 죽음이었다. 민족과 지위고하를 막론하고 애굽에 있던 모든 사람의 장자는 물론이고 모든 짐승의 첫 태생까지 죽게 된다는 것이었다.

하나님께서는 모세에게 이 재앙을 예고하시면서 이스라엘 백성이 이를 면할 수 있는 방법을 알려 주신다. 그것은 흠 없고 1년 된 수컷으로 어린 양을 잡고 그 피를 집의 좌우 문설주와 인방에 바르라는 것이었다. 그 어린 양의 피가 하나님의 보호하심의 증표가 된다는 것이었다. 그리고 하나님의 말씀대로 순종하여 어린 양의 피를 바른 집은 죽음의 영이 넘어가게 되었다. 유월절은 이 사건에서 유래된 절기다.

> 내가 애굽 땅을 칠 때에 그 피가 너희가 사는 집에 있어서 너희를 위하여 표적이 될지라 내가 피를 볼 때에 너희를 넘어가리니 재앙이 너희에게 내려 멸하지 아니하리라(출 12:13).

이스라엘 백성의 집 문에 뿌려졌던 짐승의 피가 하나님의 보호하심을 보증하는 표가 된 것처럼 신약시대에는 예수 그리스도의 보혈이 우리 자신과 가정을 하나님께서 보호하시는 표적이 된다.

우리를 대속하기 위해 십자가에서 흘리신 예수님의 보혈을 뿌리고 외치고 찬양하고 자랑하고 적용하는 곳마다 성령님께서 역사하시고 천사들이 동원된다. 그렇기에 흑암의 세력들이 물러가며 하나님의 무한한 자비와 용서, 치료, 보호, 평화가 그곳에 임하게 되는 것이다.

그러므로 우리 가족, 우리 집, 교회, 사업장, 학교 그리고 자동차뿐만 아니라 잠자리에 들 때나 장례식장이나 병원에 갈 때나 또는 만나기 싫은 사람을 만나기 전에도 보혈기도를 드리면 너무나 다른 결과를 얻게 될 것이다.

중보기도 할 때도 보혈기도를 먼저 하는 것이 좋은데 자신과 상대방 그리고 그 문제에도 보혈로 덮는 기도를 하면 놀라운 응답을 기대할 수 있다. 한편 물을 마실 때도 샤워를 할 때도 목욕탕에 들어갈 때도 보혈로 덮는 기도를 해 보라. 놀라운 일이 일어날 것이다.

> 그가 빛 가운데 계신 것같이 우리도 빛 가운데 행하면 우리가 서로 사귐이 있고 그 아들 예수의 피가 우리를 모든 죄에서 깨끗하게 하실 것이요(요일 1:7).

속죄를 위한 희생제물

창세기를 보면 하나님께서 피를 대가로 지불하는 첫 번째 희생제물을 마련하시는데 그것은 아담과 하와가 죄를 짓고 자신의 벌거벗은 몸을 나뭇잎으로 가려 보고자 했을 때였다. 그때는 이미 그들에게 하나님의 임재가 떠난 상태였지만 하나님은 한 짐승을 잡아 그 가죽으로 두 남녀의 수치와 죄를 덮어 주셨다.

> 여호와 하나님이 아담과 그의 아내를 위하여 가죽옷을 지어 입히

시니라(창 3:21).

시대적인 배경에서 추측해 볼 때 그 가죽은 막 죽인 짐승의 것이기 때문에 안쪽에는 피가 묻어 있었을 것이다. 이렇듯 하나님은 첫 희생제물을 통해, 즉 짐승의 피로 아담과 하와의 죄를 덮어 주셨다.

구약시대에는 짐승의 피로 제사를 드림으로써 이스라엘 민족과 개인의 죄가 속죄함을 받았다. 예를 들어 하나님께 바칠 짐승을 성전에 가지고 와서 그 짐승에게 자신의 죄를 전가시킨 뒤 죽여 피를 뿌리면 그 죄가 사함을 받게 되는 것이었다.

신약시대에 와서는 우리의 희생제물이신 예수님, 영원한 희생제물이 되신 예수님이 십자가에서 피를 흘리심으로 영원한 속죄 제사를 드려 우리가 피할 수 없었던 죄의 형벌이 그분에게 전가되었다. 그리고 이것을 믿는 자들을 향한 영원한 대속이 이루어졌다.

이 진리를 믿는 성도들은 죄 사함을 받을 뿐만 아니라 성소의 휘장이 찢어짐으로 이전에는 대제사장만이 정해진 절기에 들어갈 수 있었던 하나님의 지성소로 들어가 하나님과 친밀한 교제를 할 수 있는 특권을 누리게 되었다.

이것이 다름 아닌 에덴에서 잃어버렸던 하나님과의 관계 회복이고 구원받은 성도의 축복이며 하나님의 놀라운 은혜이자 복음(good news)이다.

또한 보혈의 능력이 실재하는 성령의 역사로 나타나게 하셔서 기도 가운데 보혈을 우리 심령에 바르거나 우리의 가정과 사역, 중보하는 영혼들과 문제와 상황 위에 덮을 때 그것이 징표가 되어 하나님은 우리와 우리 가정을 보호하시고 그 영혼을 구원해 주시며 주님의 선한 뜻을 드러내신다. 짐승의 피가 구약의 이스라엘 백성을 보호할 수 있었다면, 하나님의 아들인 예수님의 보혈은 얼마나 더 확실하게 우리를 보호하겠는가.

마틴 루터(Martin Luther)는 "성경을 짜 보라. 그러면 피가 나올 것이다"라고 말했다. 성경에 피에 관한 내용이 많은 것은 예수 그리스도의 십자가 보혈만이 우리에게 참된 능력과 영원한 구원이 되기 때문이다.

모든 권세를 파하는 보혈의 능력

'보혈로 덮는다'는 말은 예수님이 십자가 위에서 우리를 위해 이루어 놓으신 모든 유익, 즉 우리의 죄를 용서하시고 죄를 씻어 주시며 하나님 앞에 나아갈 수 있게 하시고 화목하게 하시며 거룩하게 하시는 모든 역사를 수용한다는 뜻이다. 그것은 오직 믿음의 기도를 통해서만 누릴 수 있다.

어떤 자매가 심한 우울증으로 직장까지 그만두게 되었다. 불안과 공황장애, 약으로도 해결되지 않는 불면증까지 더해져 그녀는 무척 힘들어했다. 폐쇄공포증까지 생겨 지하철을 타고 가다가도 갑자기 두려움이 몰려와 금방 내려야만 할 지경이었다. 그녀의 이야기를 다 듣고 나서 나는 이렇게 조언했다.

"자매님, 혼자 있거나 마음이 힘들어질 때는 보혈의 기도를 해 보세요. 예수님께서 자매님의 구원과 치유를 위해 십자가에서 피 흘려 돌아가신 것 믿죠? 그럼 그 피를 자매님의 온몸에 모두 바르고 자매님을 힘들게 하는 것들을 대적하며 기도해 보세요."

자매는 입 밖으로 말하지는 않았지만 '과연 그게 효과가 있을까요?'라고 말하는 것 같았다. 그로부터 얼마 뒤 그 자매한테 전화가 왔다. 몹시 상기된 목소리였다.

"목사님! 예수님의 보혈에 진짜 능력이 있어요!"

얘기를 들어 보니 처음에는 미심쩍어 내 말대로 하지 않다가 갖은 방법을 써도 문제가 해결되지 않고 점점 더 힘들어지자 내가 조언한 대로 한번 해 봤다는 것이다.

그날도 너무 힘든 시간을 보내다가 자신을 괴롭히던 어둠의 영의 실체를 순간적으로 보게 되었다고 한다. 그러자 자신을 괴롭히던 악한 영들에게 분노가 치밀어 올라서 다음과 같이 말했다고 한다.

"사탄아! 너한테도 예수님의 보혈을 발라 줄까?"

그러고 나서 주의 보혈을 뿌리자 순식간에 사라졌다는 것이다. 그녀는 흥분을 감추지 못했다. 예수님의 보혈의 능력을 몸소 겪은 자매는 처음 내게 상담을 요청했을 때와는 달리 자신감과 용기를 얻어 영적 전쟁을 치를 만큼 담대해졌다.

예수 그리스도의 보혈은 방탄 덮개와 같은 보호막이다. 사탄은 보혈 막을 뚫지 못하기 때문에 보혈을 외치고 간구할 때 도망간다. 많은 영적 사역자는 보혈에 관한 메시지를 전하고 나면 특별히 하나님의 임재가 나타나고 기름부으심이 강력하게 되며 많은 영혼이 예수 그리스도에게 돌아오게 된다는 것을 경험적으로 고백한다.

예수 그리스도의 보혈은 어떤 어둠과 죽음의 권세도 능히 파할 수 있다. 예수 그리스도의 피 값으로 사신 바 된 우리는 영혼을 괴롭히는 어둠의 세력들을 향해 손을 떼고 물러가도록 보혈의 능력을 선포하며 꾸짖고 명령해야 한다.

보혈, 이렇게 적용하라

우리는 예수 그리스도의 대속을 통해 구원받았지만 그 후에도 지속적으로 보혈기도를 해야 한다. 데이비드 알소브룩(David Alsobrook)은 그의 책《Understanding the Blood of Christ》(그리스도의 보혈에 대한 이해)에서 죄인의 상징이던 나병환자가 어떻게 피로 정결해지고 그 후 그 피가 어떻게 기름부으심을 가져오는가를 레위기의 말씀을 들어 설명하고 있다.

> 제사장은 그 속건제물의 피를 취하여 정결함을 받을 자의 오른쪽 귓부리와 오른쪽 엄지손가락과 오른쪽 엄지발가락에 바를 것이요 제사장은 또 그 한 록의 기름을 취하여 자기 왼쪽 손바닥에 따르고 오른쪽 손가락으로 왼쪽 손의 기름을 찍어 그 손가락으로 그것을 여호와 앞에 일곱 번 뿌릴 것이요 손에 남은 기름은 제사장이 정결함을 받을 자의 오른쪽 귓부리와 오른쪽 엄지손가락과 오른쪽 엄지발가락 곧 속건제물의 피 위에 바를 것이며(레 14:14-17).

먼저 제사장은 속건제의 희생의 피를 취하여 정결함을 받은 나병환자의 몸 세 군데에 바른다. 우선 오른쪽 귓불에 바르는데 그 이유는 피가 우리가 듣는 곳에 적용되면 우리의 대적 마귀의 '음성'으로부터 보호를 받기 때문이다. 두 번째로 제사장은 피를 취하여 오른쪽 엄지손가락에 바르는데 여기서 손은 우리의 '행위'를 의미한다. 즉 우리의 행위를 보호하시고 인도하시기 위한 은혜가 내재되어 있다. 마지막으로 제사장은 피를 취하여 오른쪽 엄지발가락에 바르는데 발은 '동행'을 의미한다.

이렇게 나병환자의 귀와 손과 발에 피를 바른 후 제사장은 다시 기름을 손에 따른 후 여호와 앞에 일곱 번 뿌린다. 여기서 기름부음에 사용되는 기름은 하나님의 사역을 거룩하게 하고 그 사역에 권능을 부여하는 성령님의 역사를 상징한다. 다시 말해 성령님의 기름부으심은 피가 적용된 다음에 따라온다는 것이다.

그러므로 제사장이 남은 기름을 취하여 나병환자의 오른쪽 귀와 오른쪽 엄지손가락과 오른쪽 엄지발가락에 바르게 되는데 이럴 때 성령의 기름부으심은 더욱 강력해진다.

예수님의 피가 우리의 귀에 적용되면 하나님은 사탄의 음성을 차단해 주시고, 우리의 귀에 기름부어 주셔서 그분의 음성을 더 잘 들을 수 있도록 도와주신다. 또한 예수님의 피가 우리 손에 발라지면 사탄은 더 이상 우리의 일에 간섭할 수 없게 되므로 기름부으심이 우리의 사역의 열매를 배가시켜 준다. 예수님의 피가 우리의 발에 적용되면 하나님은 그 위에 기름부으셔서 우리가 하나님과 동행할 수 있도록 우리의 걸음을 인도해 주신다.

> 아직도 그 손에 남은 기름은 제사장이 그 정결함을 받는 자의 머리에 바르고 제사장은 여호와 앞에서 그를 위하여 속죄하고(레 14:18).

그 후에 하나님은 성령의 기름으로 우리의 머리부터 발끝까지 온전히 덮기를 원하신다. 즉 우리가 예수 그리스도의 보혈로 죄 사함을 얻을 뿐 아니라 성령의 기름부으심을 받아 우리의 삶과 사역에서 넘치는 기름부으심과 성령의 열매가 맺어지기를 원하시는 것이다. 그러므로 우리는 보혈의 기도를 삶 속에서 지속적으로 선포하며 기도해야 한다.

보혈기도문

하나님 아버지!

나를 구원하시기 위해 십자가에서 죽으시고,

흘리신 보혈로 나를 보호하시고 씻어 주시고 치유하여 주시니

감사합니다.

보혈의 능력이 이렇게 큰 줄을 미처 알지 못하고

사용하지 못했던 무지함을 용서하옵소서.

지금 이 시간 나를 어린 양의 보혈로 덮어 주셔서

성결하고 정결하게 하시고

악한 영의 불화살로부터 보호하여 주시기 원합니다.

그리고 직장에 있는 남편(아내)을 보혈로 덮어

모든 죄의 유혹에서 막아 주시고,

아이들도 보혈의 능력으로 강건하게 지켜 주시길

간절히 원합니다.

앞으로 보혈의 능력으로 승리하는 삶을 살 수 있도록

도와주시옵고, 보혈이 덮이는 곳마다

성령의 기름부으심이 더욱 강력하여져서

하나님의 복음이 더 전파되고,

많은 사람이 주 안에서 치유되고 회복되고 거듭나는
놀라운 역사들이 일어나도록 축복해 주시옵소서.
고귀하신 예수님의 이름으로 기도드립니다.
아멘!

Part 2

advanced

깊은 곳으로 들어가다

영혼을 튼튼하게 하는 영적 훈련

"아무 이상 없습니다. 아주 깨끗해요."

나는 내 귀를 의심했다.

'그럴 리가 없을 텐데 이상하네?'

도무지 믿기질 않아 나는 되물었다.

"정말요? 정말로 아무 이상 없어요?"

"네, 그렇습니다."

오랫동안 위가 좋지 않아 고생하던 나는 의사의 권유로 위내시경 검사를 받으면서도 혹시 중병이 아닐까 가슴을 졸였다. 그런데 위염의 조짐조차도 없다는 예상치 못한 결과에 나는 그저 얼떨떨할 뿐이었다. 이런 일은 한두 번이 아니었다. 위가 약해 잘 체하는데다 위염도 자주 생겼지만 이번에는 너무 심해 반드시 원인을 밝혀내고 말리라 마음먹고 검사를 받은 것이다. 그런데 정작 내 위는 거짓말처럼 깨끗하다는 결과가 나왔다.

'참 이상하네. 이게 도대체 어떻게 된 거야?'

그러나 그것도 잠시, 또다시 체하고 위염이 생기는 일이 반복되었다. 검사를 받아 보면 아무 이상이 없다는데도 증상은 오랫동안 사라지지 않았다. 생각해 보니 이런 증상은 어릴 적부터 있었다.

그러던 어느 날 이제는 이 문제를 하나님 앞에서 해결해야겠다는 생각이 들었다. 영적인 문제가 있지 않나 하는 생각도 들어서 이 문제의 해결을 위해 기도하는데 하나님께서는 금식에 대한 감동을 주셨다. 하지만 나는 거기에 순종할 수 없었다. 왜냐하면 체력도 약하고 먹는 양도 적어 한 끼만 굶어도 기진맥진해 아무것도 할 수 없는 약골 체질이기 때문이었다.

그로부터 얼마 지나지 않아 또 같은 증상이 나타났다. 발병한 지 두 주가 되어 가는데 약을 먹어도 전혀 차도가 보이지 않았다. 한방으로 바꿔 치료를 받았는데도 낫질 않았다. 너무 불편하고 괴로운데 치료할 방법은 없으니 답답함만 커져 갔다.

'그래, 한번 해 보자. 까짓것, 하루 굶는다고 무슨 일 있겠어!'

오기가 생겼다. 결국 나는 금식기도를 하기로 마음먹었다. 아니,

엄밀히 말하면 음식을 먹을 수가 없으니 어쩔 수 없이 하게 됐다는 말이 맞다. 어쨌든 그렇게 금식하며 기도하기 시작했다.

"혹시 이것이 영적인 문제라면 만왕의 왕이신 예수 그리스도의 이름으로 명하노니 병마는 떠나가라!"

금식을 시작하고 이틀 정도가 지났는데 갑자기 대적기도를 해야겠다는 마음이 들어 이렇게 선포했다. 순간 그렇게 나를 괴롭히던 통증이 거짓말처럼 싹 사라졌다.

식탐의 영! 그동안 몸이 약하다는 이유로 음식에 집착하게 만들고 금식을 못하도록 나를 속인 것의 정체가 '식탐의 영'이라는 라는 것을 깨달았다. 평소 내 식사량을 아는 사람이라면 내게 식탐의 영이 있었다는 것을 믿지 못할 것이다. 하지만 많이 먹든 적게 먹든 음식의 양에 상관없이 금식하지 못하고 음식에 매달린다면 그 또한 묶임인 것이다.

태어나서 처음으로 해 본 금식기도의 능력은 실로 놀라웠다. 보통 한 달에 한두 번씩 아프던 위가 금식기도 후 분기에 한 번꼴로 횟수가 확 줄었다. 아플 때면 처음에 했던 것처럼 금식과 대적기도로 맞섰다. 그리고 그 과정을 두세 번 거치고 난 후로는 배가 아픈 적이 거의 없다. 깨끗이 나은 것이다. 그뿐이 아니다. 끼니때면 안 먹으면 안 된다는 생각에 음식에 집착했는데 그것도 사라졌다. 음식 앞에서 초연해지니 영적으로도 강건해진 느낌이었다.

금식은 그리스도인의 의무

오래전 이야기지만 나는 이 경험을 통해 금식기도의 필요성을 절감했다. 그리스도인에게 여러 가지 영적 훈련이 필요하지만 금식기도야말로 빼놓을 수 없는 필수 훈련임을, 나처럼 몸이 약한 사람이라고 해서 결코 면제될 수 없음을 깨달았다.

금식기도는 우리 안에 있는 죄와 중독, 묶임에서 자유케 하며 우리를 겸비케 한다. 더 나아가 성령의 내적 충만을 넘어서 성령의 권능을 입게 해 주며, 더 큰 기름부으심이 흘러갈 수 있게 하는 중요한 열쇠이기도 하다. 따라서 축사나 치유사역을 하는 사역자들에게는 결코 빼놓을 수 없는 필수 과정이라 하겠다.

능력 있는 영적 지도자들을 보면 그들의 삶에서 금식기도가 큰 비중을 차지하는 것을 볼 수 있다. 수만의 영혼을 주께 인도한 마헤쉬 차브다(Mahesh Chavda)는 40일 금식기도를 18차례 했다고 한다. 또 존 웨슬리(John Wesley)와 찰스 웨슬리(Charles Wesley), 조지 휫필드(George Whitefield) 등 옥스퍼드 대학교의 홀리 클럽(Holy Club)에 속한 사람들(Methodist: 종교적으로 엄격한 사람들)은 수요일과 금요일에는 오후 3시까지 금식을 했는데, 그 당시 감리교 목사는 매주 금식하지 않고서는 강단에 오를 수 없었다고 한다.

서머나 교회의 감독이었던 폴리캅(Polycarp)이나 삼위일체론을 주장한 터툴리안(Turtullian) 역시 금식을 지지했고, 장 칼뱅(Jean Calvin)도 정기적으로 금식했으며, 마르틴 루터도 독일어로 성경을 번역할 때 금식기도를 병행했다.

미국 대각성운동의 주자로 수많은 영혼을 주께 돌아오게 했던 복음전도자 찰스 피니 역시 자신 안에 성령의 기름부으심이 약화되었다고 감지될 때면 즉시 3일간의 금식기도에 들어갔다고 한다. 게다가 성령의 충만함을 느끼지 않고서는 금식을 마친 적이 없었다고 한다. 그 결과 그가 집회를 인도하기 위해 말을 타고 어떤 도시에 들어가면 그 도시 사람들이 갑자기 통곡하기 시작했고, 집회 장소에 그가 들어가면 그곳에 모인 사람들이 죄인이든 성자든 모두 성령님께 사로잡혔다.

예수님도 요단강에서 성령의 능력세례를 받은 후 성령에 이끌려 광야에서 금식을 시작하셨다. 40일 금식 기간 동안 사탄의 시험을 받으셨고 그것을 극복하신 후 공생애의 사역을 시작하셨다.

금식은 그리스도인의 의무다. 비단 영적 지도자들뿐 아니라 그리스도인이라면 특별히 건강상의 문제가 있는 사람을 제외하고 누구나 해야 한다. 금식은 영적인 운동과도 같은데 운동선수가 본선에 뛰기 위해 운동장에서 연습하는 것과 같은 맥락이다.

타락하고 죄악 된 세상으로부터 영적인 통로를 말끔히 씻어 내는 최고의 방법 중 하나가 금식기도다. 금식은 영적인 것뿐만 아니라 육체도 훈련한다. 몸의 건강은 영적 생활이 단련되어 있다는 증거이기도 하다. 만약 머리부터 발끝까지 떨림 없이 한 끼 이상을 금식할 수 없다면 자신의 몸과 영혼이 분명히 좋지 않은 상태에 있음을 알아야 한다.

> 망령되고 허탄한 신화를 버리고 경건에 이르도록 네 자신을 연단하라 육체의 연단은 약간의 유익이 있으나 경건은 범사에 유익하니 금생과 내생에 약속이 있느니라(딤전 4:7-8).

금식으로 자신을 훈련하는 것은 개인의 기도 생활에서 매우 중요하다. 금식하면 영적인 발전을 이룰 뿐만 아니라 우선 자신의 삶이 정결해진다. 금식을 통하여 식욕을 다스릴 때 유혹에 맞서는 능력뿐만 아니라 온갖 종류의 유혹에 대처하는 능력까지 키우게 된다. 이런 점에서 금식이라는 영적 훈련은 그리스도인의 영적 무기 중에서 아주 중요하고 강력한 무기라 할 수 있다.

현대인들이 겪고 있는 알코올 중독과 같은 약물 중독, 우울증처럼 좀처럼 기도로 해결되지 않는 정신적 질환과 심각한 질병도 금식기도를 통하여 놀라운 치유와 회복을 가져올 수 있다.

음식도 마찬가지다. 초콜릿, 커피와 같은 카페인이 함유된 음식이나 음료, 아이스크림과 과자와 같은 설탕이 많이 함유된 음식은 소위 'comfort food', 즉 우리를 기분 좋게 해 주는 음식으로 스트레스 해소와 기분전환에 일시적인 효과가 있다.

그러나 스트레스를 이런 음식과 음료로 푸는 것에 익숙해지면 점차 그것은 우리들의 마음을 차지하여 우리가 정작 주님으로 위로받아야 할 것들을 음식과 음료로 대치해 버리는 어리석음을 범하게 된다. 이것은 성(性), 술, 담배, 도박, 게임과 같은 것에도 적용된다. 우리는 영적으로 깨어서 이를 경계해야 한다. 우리 그리스도인은 주님으로 채워지고 위로받을 때 가장 건강하고 새롭게 될 수 있기 때문이다.

나는 초신자 때 성령님의 특별한 간섭하심으로 하루아침에 술을 완전히 끊게 된 후 특별히 즐기는 기호식품이라고는 커피가 전부였다. 그러던 어느 날 하나님께서 내게 청천벽력 같은 말씀을 하셨다.

"카페인 음료를 마시지 마라."

주님 때문에 세상 즐거움 다 내려놓았는데 나의 유일한 낙인 커피마저 끊으라니 하나님도 너무하시다 싶었다. 그래도 하나님의 말씀이니 끊으려고 노력했다. 가까스로 한 잔으로 줄였는데도 하나님은 계속해서 끊으라고 요구하셨다.

사실 금식을 할 때 제일 힘든 게 바로 커피였다. 다른 음식은 괜찮

은데 커피는 참을수록 눈앞에서 아른거리고 그 금단 현상으로 두통이 났다. 그래서 때로 금식에 대한 강한 감동이 오는데도 망설이곤 했다. 카페인에 대한 집착 때문이었다.

아무튼 가능하면 커피를 덜 마시려고 노력하던 어느 여름날이었다. 교회에 잠깐 들렀는데 마침 바자회가 열렸다. 얼음이 듬뿍 담긴 시원한 냉커피를 보니 마음까지 설레었다.

그러나 그때 내면에서 '마시지 마라!' 하는 하나님의 음성이 분명히 들렸다. 하지만 나는 그것을 무시하고 커피를 사고 말았다. 뿌듯한 마음에 콧노래까지 부르며 교회를 나섰는데 다음 순간 발을 헛디뎌 넘어지고 말았다. 믿기지 않겠지만 예배당 입구에 있는 두 칸짜리 계단을 내려오다 벌어진 일이다. 다행히 나는 다치진 않았지만 커피는 엎질러져 교회 마당에 얼음들이 이리저리 나뒹굴었다. 주위 사람들이 놀라서 모여들었고 나는 창피함을 무릅쓰고 바닥에 떨어진 얼음을 치우기 시작했다.

'아! 하나님이 그리도 마시지 말라고 하셨는데….'

그날 그 사건을 통해 하나님은 또 다른 나를 보게 하셨다. 생각해보니 나는 힘든 일을 당하거나 슬플 때는 당연히 주님께 나아가지만 외롭거나 착잡한 마음이 들 때는 주님께 그것을 가지고 나아가지 않고 있었다. 외롭고 센티한 감정이 들 때는 커피와 같은 기호품으로 마음을 달래는 한편 은근히 그런 상태를 즐겼던 것이다.

'내가 주님을 의지하기보다는 커피를 더 의지하고 사랑하고 있었구나! 이것 때문에 커피를 끊으라고 하신 거였어.'

이걸 알고 나니 하나님의 세밀한 간섭하심이 너무나 놀랍고 감사했다. 물론 커피도 그날 당장 끊어졌다. 그로부터 한 달 뒤, 다시 마셔도 된다는 마음을 받은 다음에는 하루에 한두 잔씩 디카페인 커피를 주로 마신다. 하지만 예전처럼 집착하는 성향이 사라지니 하나님의 임재가 더 풍성해졌다.

왜 금식해야 하나?

마가복음 9장 14-29절에는 귀신 들린 아이를 고치시는 예수님의 이야기가 나온다. 아이의 아버지는 앞서 제자들에게 귀신을 내쫓아 달라고 요청했지만 그들은 하지 못했다. 그러나 예수님은 아버지의 청대로 아이를 고치셨다. 무리가 돌아간 뒤 제자들이 조용히 예수님께 물었다.

"우리는 어째서 그 귀신을 쫓아내지 못했습니까?"

예수님은 이렇게 대답하셨다.

기도 외에 다른 것으로는 이런 종류가 나갈 수 없느니라(막 9:29).

이 말씀을 킹제임스버전(KJV) 성경에서는 "And he said unto them, This kind can come forth by nothing, but by prayer and fasting"이라고 번역하고 있다. 개역개정 성경에서 '기도'라고만 한 것을 KJV에서는 '기도와 금식'이라고 번역한 것이다. 즉 기도와 금식 외에 다른 것으로는 이런 종류가 나갈 수 없다는 말씀이다.

금식은 우리가 살면서 고난과 어려움을 만날 때 선택사항이 아니라 필수사항이다. 어느덧 나도 누군가 "기도하고 또 기도했지만 응답받지 못했어요"라고 말하면 "금식은 해 보셨나요?"라고 되묻는다. 마가복음의 말씀처럼 기도와 금식이 없이는 결코 받지 못할 기도 응답들이 있음을 기억하자.

수만 명의 영혼을 주께로 인도한 마헤쉬 차브다는 아프리카에서 자라난 인도인이다. 힌두교도이자 카스트 제도에서 상류계급에 속했던 그는 열다섯 되던 해 텍사스 출신의 한 여선교사로부터 성경책을 받게 되면서 초월적인 예수님을 맞이한다.

그 후 그의 삶은 완전히 바뀌었다. 미국으로 건너가 대학을 다니면서 사역 훈련이 시작되었는데 그가 대학원 공부를 하며 주립병원에 버려진 장애인들을 돌보는 일을 할 때 만난 스티비의 이야기는 금식기도의 중요성을 시사한다.

스티비는 열여섯 살의 다운증후군을 앓고 있는 전형적인 중증 장애아였다. 그런데 이 아이는 자신의 얼굴을 끊임없이 때리고 괴성을 지르며 자해를 하곤 해서 주 당국에서는 전기충격요법으로 6개월간 스티비를 치료할 것을 권고했다. 그러나 스티비는 그 치료를 통해서도 나아지기는커녕 악화일로를 걸을 뿐이었다. 그의 얼굴은 마치 마른 악어가죽 같았다.

하나님의 긍휼한 마음이 청년 차브다에게 부어졌다. 그는 가엾은 스티비를 위해 기도하기 시작했다. 그러던 어느 날 하나님께서는 차브다에게 마가복음 9장 29절의 말씀을 주셨다. 그는 말씀에 순종하여 처음으로 금식기도를 시작했고, 금식 14일째가 되자 주님은 차브다에게 말씀하셨다.

"이제 다시 스티비를 위해 기도하여라."

그는 스티비를 안고 선포하며 기도했다.

"예수 그리스도의 이름으로 명하노니 자해를 충동하는 악한 영은 지금 당장 스티비를 놓을지어다!"

갑자기 스티비의 몸이 크게 흔들리더니 2.5미터를 날아가 떨어졌다. 그리고 입에선 긴 한숨이 흘러나왔다. 그 순간 썩은 달걀과 황을 태우는 악취가 방안에 진동했다. 냄새는 이후 서서히 옅어지더니 사라졌다. 스티비는 난생처음 스스로 주먹질을 하지 않고 자신의 얼굴을 부드럽게 만졌다. 스티비에게서 악한 영이 쫓겨 나간 것이다.

이 사건은 차브다의 일생에 절대로 잊을 수 없는 사건이 되었고 그의 사역의 전환점이 되었다. 하나님께서는 그날 차브다에게 스티비 안의 견고한 진을 무너뜨리고 포로 된 자를 자유케 하는 데 금식이 얼마나 강력한 무기인지를 깨닫게 해 주셨다.

> 바사 왕 고레스 제삼 년에 한 일이 벨드사살이라 이름한 다니엘에게 나타났는데 그 일이 참되니 곧 큰 전쟁에 관한 것이라 다니엘이 그 일을 분명히 알았고 그 환상을 깨달으니라 그때에 나 다니엘이 세 이레 동안을 슬퍼하며 세 이레가 차기까지 좋은 떡을 먹지 아니하며 고기와 포도주를 입에 대지 아니하며 또 기름을 바르지 아니하니라(단 10:1-3).

천사가 다니엘을 방문했을 때 그는 3주 내내 금식(채소만 먹는 금식)함으로 스스로 겸비하며 자신이 보았던 환상에 대한 주님의 뜻을 구하는 기도를 하고 있었다. 그는 이전부터 세 명의 히브리 친구들과 함께 바벨론 왕국의 기름진 음식을 거절하고 금식을 자주했다(단 1장).

다니엘이 고기를 안 먹은 주된 이유는 그것이 바벨론의 우상에게

제물로 바쳐졌던 것이기 때문이다. 이러한 절제의 생활을 통해 다니엘은 기도 응답을 받았을 뿐 아니라 훗날 그가 하게 될 장기간의 금식을 준비하게 되었다.

이처럼 성경에 등장하는 많은 사람이 위기의 때에 금식함으로써 기도의 응답을 받고 많은 영혼이 하나님께 돌아오게 하는 역사를 경험한다. 에스더 역시 그중 한 명이다.

하나님의 선민인 유대인들은 역사적으로 그 민족이 말살될 위기에 봉착한 사건이 종종 있었다. 제2차 세계대전 중 나치 독일이 자행한 유대인 대학살, 일명 홀로코스트도 그중 하나다. 성경은 지금으로부터 약 2500년 전 페르시아의 아하수에로 왕 때 하만에 의한 유대 민족이 말살될 위기가 있었다고 기록하고 있다. 이때 유대인으로서 왕후가 된 에스더가 민족적인 수난과 위기를 타파하기 위하여 왕 앞에 나가 그의 자비를 구하기로 작정했다. 그녀는 먼저 수산에 있던 유대인들에게 3일간의 금식기도를 명했다.

> 에스더가 모르드개에게 회답하여 이르되 당신은 가서 수산에 있는 유다인을 다 모으고 나를 위하여 금식하되 밤낮 삼 일을 먹지도 말고 마시지도 마소서 나도 나의 시녀와 더불어 이렇게 금식한 후에 규례를 어기고 왕에게 나아가리니 죽으면 죽으리이다 하니

라(에 4:15-16).

이러한 민족적 위기 앞에서 생명을 걸고 금식기도 한 백성에게 응답하셔서 하나님께서는 모든 위기와 상황을 바꾸어 유대 민족이 생존하도록 반전의 역사를 이루셨다.

이처럼 절체절명의 위기 상황에서 어느 길을 선택해야 할지 혼란스러울 때 하나님의 인도하심을 구하는 가장 좋은 방법은 금식기도인 것이다.

금식기도의 종류와 방법

금식기도는 하나님에 대한 무조건적인 항복이다. 음식을 취하지 않는 것은 생명을 유지하지 않겠다는 무언의 표현으로, 여기에는 자기부인과 하나님의 해결책만을 의지하겠다는 결단이 함축되어 있다. 금식은 생명을 걸어야 할 만큼 중요하고 절박한, 생명을 담보로 하는 투쟁적 기도의 수단이기도 하다.

금식 기간은 따로 정해진 것은 아니기 때문에 기도함으로 하나님께서 감동을 주시는 대로 하면 된다. 금식을 시작한다면 처음부터 무리하지 말고 한 끼 혹은 하루 금식에서부터 시작하는 게 좋다.

금식을 정기적으로 할 생각이 있다면 일주일에 하루를 금식할 것을 권하고 싶다. 혹은 한 달 중에 7일간 매일 한 끼를 금식하는 '77(칠칠)금식'도 일상생활에 지장을 주지 않으므로 큰 무리 없이 할 수 있으리라 본다. 이렇게만 해도 영혼이 새로워지고 육체도 회복되는 것을 느낄 수 있을 것이다. 가장 보편적인 금식 기간은 사흘이다. 경우에 따라 일주일 금식, 21일 금식, 40일 금식 등을 할 수 있다. 장기 금식은 소명금식에 속하는데, 이는 분명한 하나님의 부르심과 확신 없이는 할 수 없는 금식이며 함부로 해서도 안 된다.

금식을 할 계획이라면 시작하기 전에 먹는 양을 서서히 줄여 가야 한다. 금식 기간 중에 삼가야 할 카페인 음료와 탄산음료의 섭취도 미리 줄이는 게 좋다. 그리고 어떤 종류의 금식을 할지, 기간은 얼마나 할지 주님께 기도로써 구체적으로 여쭤 보라. 금식에는 과일이나 채소만 먹는 다니엘 금식, 아이들도 쉽게 할 수 있는 단것만 안 먹는 금식, 물 외에 일체의 음식을 안 먹는 금식 등이 있다.

마지막으로 금식하는 이유를 정하고, 금식하는 기간 중에 어떤 일이 일어나기를 원하는지 목록을 작성하라. 한 가지 덧붙이자면 금식 기간이 길수록 금식 후 보호식에 각별히 신경 써야 한다.

사실 제대로 된 금식기도를 하려면 금식 기간 중에 분주히 돌아다니면 안 된다. 그 시간에 하나님의 말씀과 신앙서적 등을 읽고 묵상하는 것은 기본이고, 무엇보다 기도를 해야 진정한 금식기도라 할 수 있다. 금식 기간에 기도는 안 하고 굶고 돌아다닌다면 체력만 소진될 뿐이다.

금식기도의 유익

삶 가운데 발견되는 습관적인 죄가 있을 때 금식함으로 우리의 생각과 마음을 낮추게 되면 하나님은 우리를 정결하게 하신다. 사실 금식의 목적은 더 큰 유익을 위해 자신을 절제하는 것이다. 금식할 때 우리는 영적으로 최상의 상태를 유지할 수 있고, 인생의 위기 앞에서 감정적으로나 영적으로나 무너지지 않고 대처하여 주님의 뜻을 이룰 수 있게 된다.

1. 영적 장애물을 없애 준다

내가 기뻐하는 금식은 흉악의 결박을 풀어 주며 멍에의 줄을 끌러 주며 압제 당하는 자를 자유하게 하며 모든 멍에를 꺾는 것이 아니겠느냐(사 58:6).

금식은 인생의 모든 결박, 멍에, 눌림을 풀어 준다. 멍에란 부당하게 지워진 심적 · 정신적 · 경제적 · 육체적 부담을 의미하고, 눌림이란 내외적인 억압을 뜻하는데 금식기도를 통해 이러한 것으로부터 자유와 해방을 누리게 된다는 것이다.

강한 성격을 가진 사람들은 리더십과 추진력으로 세상일을 할 때나 사역에서 놀라운 성과를 보일 수 있다. 하지만 종종 그들의 강한 자아와 혈기 때문에 공동체에서 주님의 뜻을 방해하거나 자신보다 약한 사람들을 괴롭힐 수 있다. 이런 사람들이 금식을 하면 놀라운 효과가 있다. 또한 요즘 이슈화되고 있는 분노조절장애라든지 혈기의 문제도 금식으로 많은 부분 해결할 수 있다.

'빨리빨리'가 우리 민족의 대명사처럼 불릴 정도로 우리는 부지런히 움직이고 신속히 일을 해결한다. 그것이 지금의 경제부흥을 이루는 기반이 되었음을 부인할 수 없지만 부작용도 만만치 않다. 목표와 성공을 지향하는 강박관념의 병폐로 인해 사람들은 마음의 여유가 사라지고 영혼은 병들기 시작했다. 모든 것이 빠르게 움직이고 변하기 때문에 인내하는 것 자체가 점점 어려워지고, 조금도 기다리지 못하는 일명 조급증 환자들이 늘어나고 있다. 사소한 것들이 발단이 되어 끔찍한 사건으로 결말이 나는 뉴스를 접할 때면 경악을 금치 못한다. 이런 사람들이 금식을 하면 조급해지는 마음과 혈기의 문제가 눈에 띌 정도로 좋아질 수 있다.

큰딸은 대학 합격 후 신앙 훈련을 받기 위해 미국의 한 신앙공동체 인턴십으로 들어갔다. 고등학교 때 캠프에 참가했다가 인격적으로 예수님을 만난 곳이기도 했다. 거기서 딸아이는 하루 7시간씩 기도와 예배, 성경공부, 치유의 시간으로 6개월을 보냈다.

입소한 지 채 한 달이 안 되었을 무렵, 그곳에 다니엘 기도회가 시작되었다. 모든 사역자와 학생, 인턴에 이르기까지 약간의 채소와 과일만을 허용하는 21일간의 금식기도회였다. 딸아이는 처음 하는 금식이라 초반에 무척 힘들어했고 눈을 떠도 감아도 온통 음식 생각만 났단다.

그런데 얼마 안 되어 회개의 역사가 일어나기 시작했다. 사실 인격적으로 하나님을 만났어도 믿지 않은 아이들과 교제하고 입시 경쟁과 공부 스트레스에 시달리다 보면 자기도 모르는 사이 영혼 깊숙이 어두움이 침투하게 된다.

큰딸이 금식을 시작하자 회개의 역사가 일어났고 어두움이 떠나가기 시작했다. 그러자 성령의 기름부으심이 임하면서 은사와는 거리가 멀었던 아이에게서 예언기도가 나오고 가족을 위한 눈물의 중보기도가 나왔다. 나는 딸의 소식을 들으며 다시 한 번 금식기도의 위력을 실감했고 하나님의 역사에 감사하지 않을 수 없었다.

금식은 우리를 회개에 이르게 하고 치유를 가져온다. 또 하나님의 임재의 문을 열게 하고 그 임재의 생수는 우리 마음속에 있는 의심과 불신앙의 죄를 도말한다. 혼탁하고 타락한 세상에서 이 땅의 젊은이들이 금식하는 삶을 통해서 강건한 믿음의 사람으로 세워지고 선한 영향력을 발휘하는 거룩한 용사들로 서기를 간절히 바란다.

2. 급속한 치유가 임한다

> 그리하면 네 빛이 새벽같이 비칠 것이며 네 치유가 급속할 것이며 네 공의가 네 앞에 행하고 여호와의 영광이 네 뒤에 호위하리니(사 58:8).

금식에는 치유의 역사가 따른다. 한동안 오산리금식기도원은 질병으로 고통받는 사람들이 금식과 기도를 통해 치유를 체험하는 곳으로 유명했다. 이렇듯 금식기도는 인간이 가지고 있는 자가 치유 능력을 상승시키고 때로는 초월적인 하나님의 역사를 일으키는 기도 방법이다.

사실 질병과 싸우는 사람들이 금식기도를 한다는 것은 죽음을 의미한다. 그것은 자기 생명을 주님 앞에 내놓는다는 것을 함축하고 있기 때문이다. 그렇기에 더더욱 하나님의 역사가 급속히 일어나는 것이라고 생각한다.

금식의 치유 능력은 영양학 분야에 종사하는 많은 사람에 의해서도 밝혀졌다. 유명한 그리스 철학자이자 전기 작가인 플루타르크(Plutarch)는 "약을 쓰는 대신 하루 동안 단식하라"고 말했다. 또한 노벨 의학상을 받은 알렉시스 카렐(Alexis Carrel) 박사 역시《인간, 그 미지의 존재》에서 "금식은 인체의 조직을 순환시키고 깊은 변화를 준다. 그래서 금식요법은 만병을 치유하는 비밀스런 열쇠와 같다. 식욕중추의 제어 기능을 회복하고 몸속의 독성 물질, 지방질, 약물중독증, 숙변, 울혈, 니코틴 독, 활성산소를 없애 주는 역할까지 한다. 현대병으로 고통 받는 사람은 물론이고 건강 증진이나 체력 향상을 도모하는 사람들에게 가장 고마운 건강법이 금식이다"라고 주장했다.

3. 성령님께 보다 더 민감하게 반응하게 된다

안디옥 교회에 선지자들과 교사들이 있으니 곧 바나바와 니게르라 하는 시므온과 구레네 사람 루기오와 분봉 왕 헤롯의 젖동생 마나 엔과 및 사울이라 주를 섬겨 금식할 때에 성령이 이르시되 내가 불러 시키는 일을 위하여 바나바와 사울을 따로 세우라 하시니 이에 금식하며 기도하고 두 사람에게 안수하여 보내니라(행 13:1-3).

우리가 주님과의 친밀한 교제의 시간을 잃어버리고 사역과 일에 치중하다 보면 자신도 모르는 사이에 마음이 굳어지기 시작한다. 이럴 때 금식기도를 하면 그 강퍅해진 마음이 부드러운 마음으로 바뀐다. 강퍅한 마음이란 자아가 강해져서 완고한 상태를 의미하는데, 이때는 하나님의 음성이 들리지 않기 때문에 하나님의 뜻을 잘 분별하지 못한다.

이런 상태에 놓인 사람들이 금식을 하게 되면 자아의 파쇄가 쉽게 일어나기 때문에 하나님과의 친밀한 관계를 빠르게 회복할 수 있고 하나님의 음성을 다시 들을 수 있게 된다. 또 하나님과의 친밀한 관계가 회복되면 점차 사랑과 자비가 넘치는 사람으로 변화된다.

초대교회 지도자들은 교회의 많은 일을 결정할 때 금식하며 기도했던 것을 성경을 통해 알 수 있다. 그러나 지금 우리는 금식보다 민주주의 결정 방식인 투표로 많은 것을 결정한다. 함께 금식하고 기도하며 하나님의 뜻을 구하는 방법은 현대 교회가 잃어버린 귀한 도구이기도 하다.

4. 내면의 성결과 거룩함을 가져다준다

금식기도는 자신을 낮추는 겸손으로 우리를 무장시키고, 이기심과 야망과 자존심을 없앤다. 그뿐만 아니라 내면에 숨겨져 있던 분노나 쓴 뿌리, 연약함 등을 수면 위로 떠오르게 해서 주님이 직접 다루시게 한다. 그리고 그리스도인으로서 삶의 우선순위를 명확히 볼 수 있게 하며, 불균형했던 삶의 영역들이 점차 균형을 잡아 가게 한다.

누군가 금식하게 되면 사탄은 그의 곁에 오래 머물 수 없다. 금식에는 영적인 영향력이 있기 때문에 금식을 시도하려고 할 때 또는 금식 중에 영적 공격이 올 수 있다. 그러므로 우리는 이것에 대비해야 하며, 그러한 공격에도 좌절하지 않고 지속적으로 금식할 수 있도록 노력해야 한다.

5. 국가의 각성과 개혁을 불러온다

> 여호와의 말씀에 너희는 이제라도 금식하고 울며 애통하고 마음을 다하여 내게로 돌아오라 하셨나니 너희는 옷을 찢지 말고 마음을 찢고 너희 하나님 여호와께로 돌아올지어다 그는 은혜로우시며 자비로우시며 노하기를 더디하시며 인애가 크시사 뜻을 돌이켜 재앙을 내리지 아니하시나니 주께서 혹시 마음과 뜻을 돌이키

> 시고 그 뒤에 복을 내리사 너희 하나님 여호와께 소제와 전제를 드리게 하지 아니하실는지 누가 알겠느냐 너희는 시온에서 나팔을 불어 거룩한 금식일을 정하고 성회를 소집하라(욜 2:12-15).

인류 역사상 도덕적 타락이 극심해 국가가 심판의 길로 들어섰을 때, 이를 막을 수 있는 초자연적인 기적을 가져오는 것으로 금식기도만큼 좋은 것이 없었다. 선지자 요엘은 그것을 알았기 때문에 이스라엘 백성에게 하나님의 말씀을 전하면서 그 후에 만민에게 부어 주실 성령에 대한 예언을 전한다(욜 2:28-32).

에이브러햄 링컨(Abraham Lincoln)은 남북전쟁 동안에 국가적 금식과 기도의 날을 지정하도록 요구했고, 국민들은 이에 부응해 진실한 자세로 합심하여 부르짖어 기도했다.

이처럼 인생에 고난과 위기가 닥쳤을 때 반드시 금식기도를 해야 하는데, 금식기도가 우리의 소욕을 죽이고 하나님의 뜻을 분별하여 주님의 뜻이 우리 삶에 이루어지도록 도와주기 때문이다. 나아가 금식기도를 통해 성령의 권능이 임하면 우리는 잃어버린 영혼, 사로잡힌 영혼들을 구해 낼 수 용기와 능력을 얻을 수 있다.

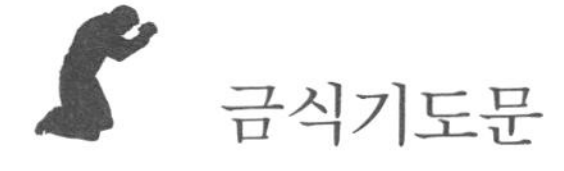

금식기도문

놀라우신 아바 아버지!

절체절명의 위기의 때에 금식을 선포한 많은 믿음의 선진들이

반전의 기도 응답을 받았던 것과

하나님의 아들이신 예수님도 공생애로 들어가시기 전에

금식으로 준비하신 것을 기억하게 하시니 감사합니다.

혼탁한 세상 가운데 살아갈 때 너무도 많은 유혹이 있고,

끊지 못하는 죄의 습관과 삶의 분주함 때문에

자주 하나님의 임재와 교제의 친밀감을 잃어버립니다.

이제 금식기도의 유익을 알았으니 이런 상황에 빠질 때마다

금식할 수 있는 결단과 은혜를 부어 주시기를 기도합니다.

금식을 통해서 영혼이 정결하고 강건하게 되어

육체까지도 흠 없는 자로 살아가게 도와주시고,

성령의 권능을 부어 주셔서 잃어버린 영혼을 주께 돌아오게 하는

하나님의 선한 도구로 우리를 사용하여 주시옵소서.

예수님의 이름으로 기도합니다.

아멘.

하나님과 세상 사이에 서다

어떤 사람이나 상황을 대신해서 하나님께 기도로 나아가는 것을 우리는 중보기도라고 한다. 중보기도는 성경적인 개념이며 기도로 하는 영적 전쟁이기도 하다.

구약의 인물 중 모세와 사무엘, 다니엘과 같은 사람들은 하나같이 기도의 사람이요 대표적인 중보기도자다. 사무엘의 경우 자신이 기도를 쉴 때 이스라엘 민족에게 어려움이 생기는 것을 경험하면서 기도하지 않는 것이 죄임을 깨닫고 다음과 같은 고백과 다짐을 한다.

> 나는 너희를 위하여 기도하기를 쉬는 죄를 여호와 앞에 결단코 범하지 아니하고 선하고 의로운 길을 너희에게 가르칠 것인즉(삼상

12:23).

누가복음에 나오는 안나 역시 “성전을 떠나지 아니하고 주야로 금식하며 기도”(눅 2:37)했던 여인으로, 마리아의 품속에 있는 아기가 바로 약속하신 메시아라는 계시를 받은 훌륭한 중보기도자였다. 또한 사도 바울은 신약의 가장 위대한 중보기도자로서 개인적 중보기도, 특별히 영적 지도자를 위한 중보기도의 중요성을 잘 알고 있었다. 그는 서신서를 통해 다섯 번이나 성도들과 동역자들에게 기도 부탁을 하고 있다(살전 5:25; 롬 15:30; 고후 1:11; 빌 1:19; 몬 1:22). 예수님 역시 우리와 하나님 사이에서 지금도 중보하시는 분이다(히 7:25). 기독교 역사를 볼 때 뛰어난 영성가들 역시 중보기도자들이었다.

> 그러므로 자기를 힘입어 하나님께 나아가는 자들을 온전히 구원하실 수 있으니 이는 그는 항상 살아 계셔서 그들을 위하여 간구하심이라(히 7:25).

> 형제들아 우리를 위하여 기도하라(살전 5:25).

무너진 성을 보수할 자 누구인가?

나는 온누리교회에서 5년째 기도사역을 인도하고 있다. 그런데 많은 사람이 중보기도를 한다고 하지만 진정한 기도의 능력과 영적인 원리를 정확히 이해하는 사람은 많지 않다는 것을 알았다.

이런 상황을 상상해 보라. 우리가 자녀 문제를 놓고 기도하는데 갑자기 생각지도 못하던 어떤 사람이나 상황이 떠오른다. 그럴 경우 성령의 감동으로 그 기도를 해야 하는 줄 알면서도 자신의 기도를 방해한다고 판단해 "주님, 잠깐만요. 지금 그게 중요한 게 아니라 우리 아이가 이런 상황이거든요" 하며 끝까지 자기 기도를 하는 경우다.

모든 것을 주님께 맡기면 성령의 감동으로 기도 제목과 기도 방식까지도 인도해 주실 텐데, 우리는 아직까지 기도에서조차 자아를 내려놓지 못하고 스스로 이루고 싶은 소망 목록을 만들어 용의주도하게 밀어붙이고 있는 것은 아닌지 모르겠다. 그래서 정작 사탄과 싸우는 게 아니라 성령님과 씨름을 하고 있지는 않은지….

많은 사람이 이렇게 기도하기 때문에 기도의 즐거움을 못 느끼고 쉽게 지치며 중보기도가 힘들다고 생각한다. 주님의 인도하심을 받는 진정한 중보기도를 하고 싶다면 기도해야겠다고 생각했던 것이나 욕망 그리고 상상까지도 내려놓아야 한다.

중보기도의 대가라고 불리는 조이 도우슨(Joy Dawson)은 "중보기도란 성령의 인도를 받고 그분의 능력을 힘입어 다른 사람들을 위해 기도하는 것이다"라고 정의한다. 그리고 이렇게 기도할 때 우리는 사람들을 향한 하나님의 마음을 조금이나마 공유하게 된다고 설명한다.

> 이 땅을 위하여 성을 쌓으며 성 무너진 데를 막아서서 나로 하여금 멸하지 못하게 할 사람을 내가 그 가운데에서 찾다가 찾지 못하였으므로(겔 22:30).

성이 무너진 곳을 보수할 사람을 찾았지만 찾지 못한 하나님의 마음은 어땠을까? 하나님께서는 과연 그 시대에만 중보기도자를 찾으신 것일까? 나는 그때나 지금이나 마찬가지라고 생각한다. 지금 우리 시대에도 무너진 곳이 너무 많다. 개인의 성을 비롯해 가정의 성, 사회의 성, 국가의 성, 심지어 교회의 성까지 보수할 곳이 넘쳐난다. 하지만 하나님이 찾으시는 진정한 중보기도자는 에스겔 선지자가 살았던 그 당시에도, 지금도 여전히 많지 않다.

욥의 세 친구는 일생일대에 가장 암울하고 고통스러운 시간을 보내고 있는 욥에게 아무런 도움을 주지 못한다. 그들은 함께 통곡하며 옷을 찢기까지 했지만 뒤이어 욥이 고난받는 이유가 그의 죄 때문이라고 잘못 판단함으로써 욥에게 고통만 더해 줄 뿐이었다. 차라리 그 시간에 그들이 중보기도를 했더라면 그들은 하나님으로부터 욥에게 어떻게 말하고 도울 수 있을지 지혜를 얻을 수 있었을 것이다.

배우자의 구원을 위해 기도하는 사람들이 많다. 그런데 배우자에게 교회에 나갈 것을 지나치게 재촉하여 하나님이 하실 방법을 오히려 자신이 함으로써 그 응답을 방해할 수 있다. 우리가 다른 사람들을 위해 기도할 때, 특별히 나와 가깝지만 하나님을 믿지 않는 사람을 위해 중보기도 할 때는 먼저 우리 마음속에 그들에 대한 원망과 용서하지 못한 마음이 있는지 점검해 봐야 한다. 그들은 우리에게 깊은 상처를 주었을 가능성이 크다. 그것이 우리가 오랫동안 기도했는데도 응답되지 않는 중요한 원인이 될 수 있다.

믿음이 없는 배우자를 위해 기도할 때도 주의할 것이 있다. 믿는 아내는 특별히 남편을 가르치기보다는 오히려 자신 안에 있는 주님의 형상을 보여 줌으로써 남편을 그리스도에게 이끄는 영향력을 발휘할 수 있다(벧전 3:1). 반면 믿는 남편은 주님이 교회를 위하여 자신의 모든 것을 다 내어 주신 것처럼 아내를 사랑으로 섬기는 것이 아내가 주님을 만날 수 있도록 문을 열어 주는 길이다.

남편들아 아내 사랑하기를 그리스도께서 교회를 사랑하시고 그

교회를 위하여 자신을 주심같이 하라(엡 5:25).

어느 아내가 믿지 않는 남편의 구원을 위해 오랫동안 중보기도 했는데 그 응답으로 남편이 주님께 돌아왔다. 놀라운 구원의 은혜에 감동하여 남편은 신학교를 가겠다고 했다. 그러자 부인은 갑자기 태도를 바꿔 이렇게 말했다고 한다.

"내가 언제 하나님 믿고 교회 다니자고 했지 신학교 가라고 했어요?"

배우자의 구원이 내가 편해지고 내게 유익이 되기 때문이라면 이것은 이기적인 동기에서 기도했다는 방증이다. 잃어버린 영혼이 주님께 돌아왔을 때 그가 선교사로 나가든 순교하게 되든 그것은 우리 소관이 아니다. 우리는 그 사람의 앞날까지도 주님 앞에 맡겨야 한다. 사랑하는 사람의 영혼을 구원하기 위한 중보기도는 그 일을 통해 하나님만이 큰 영광을 받으시기를 바라는 순전한 갈망에서 우러나온 것이어야 한다.

진정한 중보기도에는 희생이 따른다. 중보기도는 기분 좋은 감정으로 이어지는 꿈같은 환상이 아니다. 그보다는 씨름(wrestling), 고뇌(agonize)라는 단어가 더 적절하다.

항상 너희를 위하여 애써 기도하여(골 4:12).

'애써'라는 단어는 성경에서 목숨을 걸고 싸우는 군인(딤전 6:12)이나 위험에 처한 친구를 구하려고 투쟁하는 사람(요 18:36)의 행동을 묘사할 때 종종 사용된다. 겟세마네 동산에서 드린 예수님의 기도에서도 이러한 고뇌가 잘 나타나 있다(눅 22:44). 골로새서의 에바브라의 기도와 비교할 때 우리의 중보기도는 너무나 나약한 것을 알 수 있다.

우리의 기도는 아무런 대가를 치르지도 않고 십자가의 희생도 없지 않은가? 중보하는 자들을 위해 우리가 할 수 있는 모든 것을 주었는가? 우리가 너무나 겁쟁이라 행동할 수 없기 때문에 기도만 하고 있는 것은 아닌지 자신의 기도를 점검해 봐야 한다.

> 내가 진실로 진실로 너희에게 이르노니 한 알의 밀이 땅에 떨어져 죽지 아니하면 한 알 그대로 있고 죽으면 많은 열매를 맺느니라(요 12:24).

중보기도, 어떻게 해야 하나?

> 모세가 여호수아에게 이르되 우리를 위하여 사람들을 택하여 나가서 아말렉과 싸우라 내일 내가 하나님의 지팡이를 손에 잡고 산

꼭대기에 서리라 여호수아가 모세의 말대로 행하여 아말렉과 싸우고 모세와 아론과 훌은 산꼭대기에 올라가서 모세가 손을 들면 이스라엘이 이기고 손을 내리면 아말렉이 이기더니 모세의 팔이 피곤하매 그들이 돌을 가져다가 모세의 아래에 놓아 그가 그 위에 앉게 하고 아론과 훌이 한 사람은 이쪽에서, 한 사람은 저쪽에서 모세의 손을 붙들어 올렸더니 그 손이 해가 지도록 내려오지 아니한지라 여호수아가 칼날로 아말렉과 그 백성을 쳐서 무찌르니라 (출 17:9-16).

출애굽 후에 이스라엘 민족이 처음 치른 전쟁은 바로 르비딤에서 아말렉과의 전쟁이었다. 아말렉은 영적으로 해석하면 어둠의 세력들, 즉 사탄을 상징한다. 전쟁에 앞서 이스라엘 백성은 먼저 하나님의 음성을 듣는, 선지자적 기름부으심이 있었던 지도자, 모세의 명령을 듣는다.

여기에 중보기도의 가장 중요한 포인트가 있다. 중보기도를 할 때 우리가 가장 먼저 해야 할 것은 바로 하나님의 뜻을 분별해야 한다는 것이다. 절대 권력을 갖고 있던 다윗도 전쟁에 나가기 전에 하나님께 기도하며 하나님의 뜻을 구했다.

다윗이 하나님께 물어 이르되 내가 블레셋 사람들을 치러 올라가리이까 주께서 그들을 내 손에 넘기시겠나이까 하니 여호와께서 그에게 이르시되 올라가라 내가 그들을 네 손에 넘기리라 하신지라(대상 14:10).

다윗만큼 전쟁을 많이 치른 사람도 없을 것이다. 그는 수없이 많은 전투에서 승리를 경험했다. 그럼에도 불구하고 그는 언제나 겸손했다. 늘 처음 하는 것처럼 가장 먼저 하나님의 뜻을 물었다.

"이 전쟁이 하나님의 뜻입니까?"라고 물었고, 그렇다고 하시면 "지금입니까?"라며 정확한 타이밍까지 여쭈었다. 하나하나 세세하게 하나님의 응답을 받고 전쟁에 나갔던 것이다. 하나님은 그분이 말씀하실 것을 믿고 기대하는 자녀들에게 친히 말씀하시는 분이다.

여호수아가 전장에서 아말렉과 싸우고 있을 때 모세는 아론과 훌을 데리고 산꼭대기로 올라간다. 산꼭대기란 구별되고 한적한 장소를 의미하는데, 현대인들에게는 기도의 골방, 교회와 같은 곳이다. 그곳은 구별된 장소이지만 영적으로는 기도가 쌓인, 하나님의 임재가 있는 곳이었을 것이다.

우리는 각자 자기만의 기도의 골방을 만들어야 한다. 문제가 생기고 어려움이 있을 때는 물론이고 주님 안에서 안식을 취하고 싶을 때도 이 골방을 찾아야 한다. 이 골방은 세상으로 향하는 문이 닫혀 있는 곳으로, 자신의 생각이나 감정의 문을 닫고 오직 주님을 향한 문만 열려 있어 주님과 친밀한 교제를 나눌 수 있는 거룩한 장소다.

젊은 여호수아와 백성은 지금 전장에서 싸우고 있고, 모세와 아론과 훌은 산꼭대기에서 기도하고 있다. 그런데 모세의 팔이 올라가면 이스라엘이 이기고, 피곤해서 그의 팔이 내려오면 전세가 기울어졌다. 그러자 곁에서 기도하고 있던 아론과 훌이 모세의 손을 양쪽에서 붙들어 올려 전쟁이 끝날 때까지 내려오지 않도록 도왔다.

여기서 우리는 중보기도에 대한 또 하나의 중요한 포인트를 발견할 수 있다. 그것은 바로 절박하고 위급한 상황에 처한 사람들을 위해 중보기도 할 때 여러 사람이 함께하면 더욱 능력이 있다는 것이다. 아울러 중보기도는 그 문제가 종결될 때까지, 즉 그 기도가 응답될 때까지 계속되어야 한다는 것도 발견할 수 있다.

여호수아처럼 전쟁에 직접 나가 싸우는 자들은 영적으로 해석하면 하나님의 나라를 위해 영적 전쟁의 최전방에서 싸우는 사람들이다. 복음 전파와 영적 사역을 담당하는 목회자, 선교사, 사역자, 전도자가 이에 해당되는데, 이들은 언제나 영적 전쟁의 최전선에 있기 때문에 우리의 중보기도가 절대적으로 필요하다. 그들은 자신의 사역 때문에 정작 자신을 위해 기도할 수 없기 때문이다.

미국 목회자 사절단이 영국을 방문했을 때 찰스 스펄전에게 성공의 비결을 물었다고 한다. 그 대답으로 스펄전은 그들을 예배당 지하실로 데리고 가서 조용히 문을 열었다. 거기에는 그날 밤 강단에서 하나님의 말씀을 전할 스펄전 목사에게 하나님의 축복과 권능이 임하기를 기도하는 400명이 있었다. 스펄전은 말했다.

"여러분! 하나님이 저의 사역에 은혜를 내리시는 비밀이 바로 여기에 있습니다."

하나님의 종들에게 풍성히 사례하고 대접하는 것보다 그를 위한 간절하고도 전략적인 중보기도가 그가 능력 있는 사역자가 되도록 돕는 지름길이다.

또한 삶의 시련과 고난 가운데 믿음이 흔들리고 있는 사람들, 영적 전쟁을 치르고 있는 사람들을 위한 중보기도도 반드시 필요하다. 그 사람들은 스스로 기도할 힘이 없어서 우리가 기도의 손을 내리면 패할 수밖에 없기 때문이다. 최종 결과는 중보기도자의 손에 달려 있다. 그는 하나님의 권세를 위임받았기 때문이다.

내 이름으로 무엇이든지 내게 구하면 내가 행하리라(요 14:14).

중보기도, 어떻게 할까?

소돔과 고모라를 위한 아브라함의 중보기도는 우리에게 많은 것을 시사한다. 성경은 그곳의 죄가 너무 커서 하나님의 주목을 받게 되었고, 그 사실을 알게 된 아브라함은 조카 롯이 있는 소돔에 대해 중보의 부담을 갖게 된 것을 보여 준다.

창세기 18장에서 아브라함은 훌륭하게 기도를 시작하다가 갑자기 태도를 바꿔 하나님과 거래하듯 떼를 쓰는데 그런 간구마저도 32절에서 끝나 버린다. 이 도시를 위한 중보기도가 안타깝게도 여섯 번으로 그치고 만 것이다.

성경에서 7은 완전수다. 만일 아브라함이 열 명 미만의 의인만 있어도 그 백성을 살려 주시겠냐고 일곱 번째 하나님께 요청했다면 멸망하는 소돔을 구할 수 있었을지도 모른다. 여하튼 그의 중보는 결국 조카 롯을 죽음의 문턱에서 구해 낼 수 있었다.

> 하나님이 그 지역의 성을 멸하실 때 곧 롯이 거주하는 성을 엎으실 때에 하나님이 아브라함을 생각하사 롯을 그 엎으시는 중에서 내보내셨더라(창 19:29).

조이 도우슨은 다른 사람을 위한 중보기도에는 다음과 같은 대가가 요구된다고 말한다.

첫째, 시간을 들여야 한다. 다른 사람을 위해 중보기도 할 때는 우리에게 유익하고 필요한 일들도 기꺼이 포기하고 기도해야 한다. 둘째, 에너지가 필요하다. 중보기도에는 간절함과 끈질김, 통곡, 영혼의 진통 그리고 금식이 동반된다. 셋째, 순수한 동기로 기도해야 한다. 중보기도는 은밀히 골방에서 이루어지며 그 영혼을 바라보는 하나님의 안타까운 마음과 사랑의 동기로 해야 한다. 넷째, 믿음으로 해야 한다. 기도의 응답에는 반드시 믿음이라는 요소가 필요한데 중보기도에는 더 큰 믿음이 요구된다.

성경의 또 다른 위대한 중보기도자 엘리야는 우리와 성정이 같은 사람이지만 훈련된 필사적인 기도를 하는 완벽한 롤 모델을 보여 준다. 그가 이스라엘 역사에 나타나기 전에 이미 그는 기도학교를 졸업했다. 엘리야는 믿음으로 하나님을 붙잡고 기도하는 데 초보자가 아니었다. 그의 담대한 기도는 하나님과의 친밀한 관계에서 나온 것이다.

엘리야가 비를 내려 달라고 기도할 때(왕상 18:42) 즉각적인 응답은 오지 않았다. 그의 시종이 여섯 번이나 바다 쪽을 바라보고 왔지만 아무런 징조도 보이지 않았다(왕상 18:43). 그럼에도 엘리야는 "일곱 번까지 다시 가라"고 말한다. 앞서 얘기했듯이 일곱 번이란 완전수다. 즉 기도의 분량이 채워져야 비로소 응답이 온다는 것이다. 엘리야의 기도도 분량이 찼을 때 하늘을 바라보니 손바닥만 한 작은 구름이 일어났고 그것이 점차 커져 드디어 3년 반 동안의 가뭄을 해갈하는 큰비가 내렸다.

비는 부흥의 때에 나타나는 성령의 폭포수와 같은 임재를 상징한다. 이렇듯 부흥을 위한 기도에는 간절함, 인내와 끈기 그리고 열심이 필요하다. 즉각적인 응답이 없을지라도 포기해서는 안 된다. 그리고 기도할 때 손바닥만 한 징조라도 결코 업신여겨서는 안 된다. 어쩌면 가장 어둡고 막막한 순간이야말로 하나님의 주권적인 역사가 일어나는 전야(前夜)일 수 있다.

여러 중보의 기도 제목들이 있지만 나의 아들 이야기를 나누고 싶다. 자식이 잘되길 바라는 부모 마음은 똑같을 것이다. 나도 이왕이면 다홍치마라고 믿음도 좋고 세상적으로도 뛰어난 아이로 키워 보려 애를 썼던 것 같다. 그런데 아들이 미국 명문 고등학교에 입학하여 생활하던 중 고3이 되던 즈음에 학업에 몹시 스트레스를 받고 영적인 눌림도 심해지기 시작했다. 명문대 장학생으로 입학 허가를 받았지만 아들은 결국 휴학을 해야 할 지경에 이르고야 말았다. 하나님만을 의지하던 믿음 좋은 아들은 미국에 있던 시댁의 자기 방에 틀어박혀 나오질 않고 은둔생활을 하기 시작했다.

그 상황에서 내가 할 수 있는 것은 아들을 위한 중보기도밖에 없었다. 시어머니를 통해 아들의 소식을 들으면서 주님 앞에 눈물로 나아갔다. 처음에는 아들에게 살아갈 의지를 달라고, 그리고 방에서 나올 수 있도록 기도했다. 그 기도를 정말이지 약 4개월은 한 것 같다.

"얘야, 오늘은 네 아들이 강아지를 데리고 산책을 나갔지 뭐냐."

어느 날 시어머니에게서 날아온 소식에 나는 뛸 듯이 기뻤다. 나는 계속해서 기도의 끈을 놓지 않고 이번에는 아들이 사람들과 교류하게 해 달라고 기도했다. 그랬더니 얼마 뒤 기타를 메고 뭘 배우러 다닌다고 했다. 여세를 몰아 학교로 돌아갈 수 있도록 중보했고 결국 아들은 1년의 휴학을 끝내고 대학교로 돌아가게 되었다. 대학에 가서는 학교생활도 잘하고 성적도 거의 만점이 나올 정도로 좋아져 장학생으로 학업을 마쳤다.

4년여의 중보기도가 드디어 결실을 보는 것 같아 정말 감사했다. 이전엔 엄마인 나도 밀어내기만 하던 아들이 어느 순간 조금씩 마음을 열더니 지금은 예전 같으면 상상도 할 수 없던 깊은 대화를 나누며 서로 사랑의 마음을 확인하고 있다. 얼마 전에 받은 이메일에는 이렇게 씌어 있었다.

"나는 매일 좋아지고 있어요. 봄이 오는 것처럼 내 영혼에도 봄이 오고 있네요. 나를 위한 엄마의 끊임없는 간절한 기도는 나의 힘이고, 엄마의 기도는 이곳에서도 놀랍게 역사하고 있어요. 엄마 감사합니다!"

아들의 고백이 담긴 이메일을 읽는데 주르륵 눈물이 흘러내렸다. 우리가 중보의 끈을 놓지 않는 이상 주님께서는 반드시 우리의 기도에 응답하셔서 승리하게 하신다는 사실을 기억하라. 지금 중보하는 이들과 상황을 위해 포기하지 말고 끝까지 기도하길 권면한다.

중보기도의 은사를 받은 사람

출애굽기 17장 9-16절 말씀에서 얻을 수 있는 중보기도에 대한 또 하나의 중요한 포인트는 중보기도자의 역할이다. 모세가 여호수아와 이스라엘 민족에게는 가장 중요한 중보기도자라는 것은 두말할 나위가 없다. 여기서 우리가 주목할 것은 아론과 훌의 역할인데, 그들은 모세의 조력자로서 두 번째로 중요한 위치를 차지하는 중보기도자였다.

흔히 중보기도자의 역할의 중요성에 따라 제1, 제2, 제3 중보기도자로 나눈다. 모세는 중보의 중추 역할을 담당했으므로 여호수아와 이스라엘 군사들에게 제1 중보기도자라고 할 수 있다. 그리고 그의 옆에서 기도를 도운 아론과 훌은 제2 중보기도자에 속한다. 성경에는 기록되어 있지 않지만 아들과 아버지, 남편을 전쟁터에 내보낸 여인들과 이스라엘 백성은 초조한 심정으로 자신의 장막에서 기도했을 터인데 그들은 제3 중보기도자라고 볼 수 있다.

우리도 이런 중보기도의 네트워크를 가지고 사역할 때 놀라운 열매를 맺게 될 것이다. 그러므로 평신도들도 본인이 중보기도자가 되기도 하지만 또한 자신을 위해 기도해 줄 수 있는 중보기도자를 반드시 찾아야 한다.

중보기도자들 중에서도 특별히 영적인 통찰력이 있는 예언적 중보기도자가 있는데 이들은 잘 알지 못하는 상황이나 환경에 대해 성령의 인도하심을 받아 하나님의 마음을 품고 기도하는 자다.

이런 중보기도자들은 기도 제목을 들으면 어떻게 기도해야 하는지, 지금 바로 기도해야 하는지 아니면 장기전으로 기도해야 하는지, 또는 문제를 당한 사람이 너무 연약하여 중보기도자가 방패기도로 막아야 할지, 아니면 그 사람이 기도하도록 중보해야 할지 분별할 수 있다. 그것은 성령께서 인도해 주시기 때문인데, 이러한 예언적 중보기도자들은 주어진 기도 제목에 대한 하나님의 뜻을 분별하기 위해 끊임없이 하나님께로 가까이 나아가야 한다.

중보기도가 사명이라고 생각하는 대부분의 사람들은 중보기도의 은사를 받은 사람들이다. 참고로 그들의 특징은 다음과 같다.

첫째, 오래 기도한다. 최소한 하루에 한 시간 이상씩 기도하고, 많은 경우 하루에 2~5시간씩 기도한다. 둘째, 강도 있게 기도하며 하나님이 명령하시면 영적 전쟁을 치를 수 있다. 셋째, 기도하는 것을 즐거워하며 개인기도 시간을 가지고 기도한다. 넷째, 기도의 응답이 많고 극적인 편이다. 다섯째, 하나님의 음성을 정확히 듣는 편이고, 많은 경우 예언의 은사를 함께 갖고 있다.

은사가 있는 중보기도자가 아니더라도 때로는 하루 종일 누군가의 생각이 자주 떠오르고 그 사람에 대한 생각을 떨쳐버릴 수가 없을 때가 있다. 그것은 그 사람을 위한 기도의 필요를 알리는 성령님의 신호인데, 그럴 때는 그 감동에 순종하여 기도해야 한다.

비록 그 사람의 기도 제목을 알 수 없을지라도 그것은 기도하라는 분명한 신호이기에 하나님께 그 의미를 구하며 기도할 때 주님은 알려 주신다. 그런 신호가 반드시 그 사람이 위험에 처해 있는 것이 아니더라도 그때 무릎 꿇고 기도했더라면 그 사람의 인생과 운명이 달라졌을 것이라는 사실을 나중에 알고 후회한 적도 있다.

> 이와 같이 성령도 우리의 연약함을 도우시나니 우리는 마땅히 기도할 바를 알지 못하나 오직 성령이 말할 수 없는 탄식으로 우리

를 위하여 친히 간구하시느니라(롬 8:26).

중보기도자가 빠지는 함정

때로는 중보기도자가 하나님께서 친히 역사하시려는 것을 방해할 때가 있다. 이른바 중보기도의 함정인데 중보기도자가 그 사람을 향한 하나님의 관심과 일치되지 못하고 오히려 그들에게 연민을 느끼거나 자신의 주장을 관철하려 할 때 하나님이 하시려는 역사에 훼방꾼이 될 수 있는 것이다.

이때 하나님과의 관계를 가장 많이 파괴시키는 것은 개인의 동정심과 편견이다. 특히 자신이 사랑하는 사람들, 예를 들어 자식의 문제를 놓고 기도할 때 연민과 집착을 갖기 쉬운데, 그런 이유로 자녀들이 어려움을 겪을 때 중보기도자도 함께 고통을 느끼게 된다. 중보기도자는 어떤 상황에서도 선하신 하나님을 신뢰해야 한다. 하나님을 완벽하게 신뢰하지 못하면 능력 있는 중보기도는 불가능하다.

한편, 중보기도자가 하나님께서 주시는 분별력을 잘못 사용해서 하나님의 일을 방해할 수 있다. 중보기도자들에게는 하나님의 마음과 함께 다른 사람의 삶에 대한 분별력을 주신다. 그 분별력은 어디까지

나 중보기도를 위한 것이지 남의 결점을 찾아 비판하기 위함이 아니라는 것을 잊어서는 안 된다.

특히 조심해야 할 것은 하나님께서 그 사람을 찾아가서 말하라고 하시기 전까지는 함구하고 기도만 해야 한다는 것이다. 그것이 중보기도자가 지켜야 할 순종의 삶이다. 또 열심히 기도는 하지만 여러 가지 이유를 핑계 삼아 성경의 가르침에서 벗어나는 사람들이 있는데 이런 사람들을 소위 빗나간 중보기도자(flaky intercessor)라고 한다.

이런 중보기도자들은 자신의 사역으로 인해 비난을 받기도 하고 때로는 교회에 혼란과 분열을 야기하기도 한다. 그들은 목사와 같은 교회의 지도자를 위해 기도한다는 지나친 자부심으로 교만해질 수도 있고, 자신이 받은 계시를 목사나 장로들이 하나님께 들은 것보다 뛰어나다고 생각해서 문제들을 야기할 수 있다.

중보기도를 위한 준비

1. 개인적인 것으로 받아들이지 않기

중보기도를 하려면 자신이 처한 상황과 문제를 개인적인 것으로 받아들이지 않는 훈련이 선행되어야 한다. 사실상 이것이 우리가 중보기도를 잘하지 못하는 가장 큰 이유이기도 하다.

많은 사람이 어떤 문제와 상황, 관계 속에서 두려움과 상처를 받게 되면 기도를 할 수 없게 된다. 사탄은 중보기도자의 치명적 약점, 아킬레스건을 공격해 기도하지 못하도록 끊임없이 방해한다는 사실을 인식해야 한다. 그럼 어떻게 해야 할까? 간단하다. 즉각 그 문제를 하나님께 올려드리고, 자아의 죽음을 선포하면 된다.

> 이는 너희가 죽었고 너희 생명이 그리스도와 함께 하나님 안에 감추어졌음이라(골 3:3).

2. 말씀으로 기도하기

말씀을 읽고 배운다는 것은 중보하고 있는 어떤 상황이나 사람을 위해 영적 전쟁을 벌일 때 필요한 성령의 검의 양날을 갈아 연마시키는 것과 같다. 기도에 말씀을 보태면 보탤수록 성령의 기름부으심이 강화되고 중보기도가 더 풍성해진다.

> 하나님의 말씀은 살아 있고 활력이 있어 좌우에 날선 어떤 검보다도 예리하여 혼과 영과 및 관절과 골수를 찔러 쪼개기까지 하며 또 마음의 생각과 뜻을 판단하나니(히 4:12).

3. 찬양하기

진심을 담아 부르는 찬양은 하나님께 아름다운 기도가 된다. 영으로 찬양하기도 하고 마음으로도 찬양할 수 있다. 그러나 찬양은 몸과 마음이 힘들 때 잘 나오지 않는다. 더군다나 나쁜 소식을 들었을 때 우리가 제일 먼저 보이는 반응은 두려움이다.

그러나 일단 현재의 상황보다 하나님을 찬양하는 데 초점을 맞추기 시작하면 우리를 짓누르는 두려움과 염려의 중압감은 어느덧 사라지게 된다. 기막힌 상황에 부딪힐 때마다 무조건 감사하고 고집스럽게 찬양할 때 하나님께서 우리를 승리로 이끄실 것이다.

> 그러면 어떻게 할까 내가 영으로 기도하고 또 마음으로 기도하며 내가 영으로 찬송하고 또 마음으로 찬송하리라(고전 14:15).

무엇을 중보할까?

사실 중보기도가 필요하지 않은 곳은 없다. 그리스도인이라면 정치, 경제, 사회, 문화, 가정, 교육, 종교, 미디어 등 우리 사회 모든 영역을 품고 성령의 인도를 받아 중보기도 해야 한다. 이제 개인과 가정을 넘어 교회, 그리고 사회의 모든 영역에 하나님의 뜻이 이루어지도록 중보해야 한다.

1. 교회

그중 우리는 목회자와 선교사, 사역자들을 위해 기도해야 한다. 지금 우리나라에서 기독교의 위상은 땅에 떨어진 지 오래다. 목회자들의 부도덕성에 대한 언론의 폭로는 유행병처럼 번지고 있다. 사탄은 탐심과 권력과 교만과 이성을 통해서 그들을 지속적으로 유혹한다.

사우스웨스트 침례교대학의 국제대형교회연구소 존 번(John Vaughan) 박사의 체험담은 매우 흥미롭다. 그는 목회자 세미나를 위해 디트로이트에서 보스턴으로 가는 비행기에서 옆자리의 남자가 머리를 숙이고 기도하듯 중얼거리는 것을 보게 되었다. 반가운 마음에 그리스도인이냐고 묻자 그는 놀랍게도 자신이 사탄숭배자라고 대답했다. 존 번 박사는 사탄 숭배자로서 무슨 기도를 하냐고 다시금 물었는데, 그가 대답하기를 "나의 가장 큰 기도 제목은 뉴잉글랜드에 사는 모든 기독교 목사와 그들의 가정이 파괴되는 것입니다"라고 말했다. 존 번 박사는 이 사탄숭배자와의 만남을 통해 다시 한 번 목사와 사역자들을 위한 중보기도가 얼마나 절실하게 필요한지를 알게 되었다고 한다.

목사와 사역자들이 중보기도를 더 많이 받아야 하는 이유는 사람들에게 더 많은 영향을 미치기 때문이며, 그들은 공인으로서 끊임없는 소문과 비난의 대상이 되기 때문이다. 사탄은 하나님을 영화롭게 하고 하나님의 나라를 확장시키는 교회와 지도자들을 미워한다. 그뿐 아니라 그들을 무너뜨리려고 최선을 다하기 때문에 성도들은 책임감을 갖고 목회자와 사역자들을 위한 중보기도를 쉬지 말아야 한다.

특별히 그들이 항상 겸손하게 배우고 기도하는 종이 되도록 중보기도 하라. 아울러 모든 일에 하나님께 영광을 돌리는 마음을 갖도록, 성공해도 교만하지 않고 실패해도 낙심하지 않으며 주님만을 바라보는 종이 되도록 중보기도 하라. 그리고 늘 갈보리의 사랑을 나타내며 성도의 지원과 사랑에 민감하도록 간구하라.

2. 미디어 종사자와 연예인

세속 신문은 하나같이 하나님 나라의 가치에 기초하지 않는다. 대부분 인본주의 입장을 취하며 많은 경우 악한 것을 선한 것으로 표현하기도 한다. 최근 몇 년 사이 방송에서 동성애를 다룬 드라마를 심심찮게 본다. 이는 방송사의 이익에 도움이 되기 때문인데, 동성애라는 소재 자체가 '성적 문제'라서 사람들의 관심을 불러일으키는 것이다. 그러나 특별히 젊은 미남미녀들의 동성애 러브신은 10~20대에게 잘

못된 환상을 불러일으킬 수 있다.

기자들과 미디어 관련 전문직에 종사하는 사람들, 특히 그리스도인들을 위해 기도하길 바란다. 가능하다면 CGN, CTS, CBS 등 기독교 미디어에 투자하라. 연예인들 중에 영향력 있는 사람을 위해 기도하라. 특별히 그들이 청소년들에게 선한 영향력을 미치고, 예술계와 연예계 전반의 정결과 부흥을 위한 도구가 되게 해 달라고 기도하라.

3. 고통받는 어린 아이들과 청소년

이 세상의 고통받는 어린 아이들과 청소년을 위해 기도하라. 이들은 의심할 여지없이 하나님의 가장 중대한 관심사다. 과도한 입시, 취업 경쟁 속에 수많은 청소년이 술과 담배, 게임, 포르노그래피에 중독되어 삶이 무너지고 있다. 너무나 많은 가정이 깨어지고 어린 아이들이 방치되고 있다. 부모가 버젓이 살아 있어도 버려지는 아이들이 연간 만여 명에 달한다. 입양의 절차도 까다로워져서 선한 의도로 입양하려는 사람들의 발목을 잡는다.

우리는 이런 현실을 끌어안고 애통하며 기도할 뿐 아니라 서로가 짐을 나누어 져야 한다. 이런 아이들에 대한 돌봄과 입양은 기도하는 일보다 더 가치 있는 일이다.

중보기도문

사랑하는 하늘에 계신 아버지!

당신의 독생자 예수 그리스도의 대속과 중보에 힘입어

오늘도 이렇게 천국의 자녀로서 살아가게 하심에 감사합니다.

이제 우리에게도 영혼들을 향한 하나님의 마음을 부어 주시고

중보하게 하셔서 그들의 삶 속에 하나님의 선한 뜻이

이루어지게 해 주옵소서.

죄악이 관영한 세상 가운데 하나님의 사람들을 보호하시고

그들이 다니엘과 같은 선한 영향력을 미칠 수 있도록

기름부어 주옵소서.

특별히 주의 복음을 전하는 당신의 종들을 보혈로 덮으시고

성령의 권능을 더하셔서 흑암의 세력들과의 영적 전쟁에서

승리의 승전고를 울릴 수 있도록 역사하여 주옵소서.

우리의 기도가 필요한 사람들이 너무도 많습니다.

우리가 중보기도를 쉬는 죄를 범하지 않도록

우리에게도 은혜를 베풀어 주옵소서.

우리의 중보기도자 되시는 예수님 이름으로 기도합니다.

아멘.

하나님과의 엄숙한 약속

사람들은 흔히 자신의 결백을 주장하거나 거짓 없는 진실임을 보증하기 위해, 혹은 약속을 틀림없이 지키겠다는 의미로 맹세를 한다. 하지만 예수님은 당시 유대 사회에 맹세가 남용되는 것을 보시고 모든 형태의 맹세를 금하셨다. 하늘로도, 땅으로도, 예루살렘으로도, 네 머리로도 도무지 맹세하지 말라고 하신 것이다(마 5:34-36).

한편 성경에는 맹세와 구별되는 수많은 서원이 등장한다. 서원이란 요구되지 않은 선행을 하나님께 엄숙하게 자발적으로 하는 약속이다. 여기서 말하는 선행은 하나님께 자신이나 다른 사람의 몸, 특정한 예물 등을 바치는 것 또는 특별한 행동을 약속하는 것이다.

엄숙한 약속이란 점에서 맹세와 서원은 크게 다를 바 없다. 그러나 성경을 보면 서원은 무엇을 실행하거나 하나님의 은혜에 보답하여 무엇인가를 금할 때, 또는 하나님께 대한 헌신의 표현 등 항상 하나님과 관련하여 사용되었다. 즉 맹세는 주로 사람을 상대로 한 약속인 반면, 서원은 하나님을 상대로 한 약속이라는 점에서 확연하게 구별된다. 또 하나, 조폭 영화에서 보스에 대한 충성을 억지로 강요하는 모습을 종종 볼 수 있는데, 맹세는 강요될 수 있어도 서원은 늘 자발적이라는 점도 다르다.

왜 서원할까?

사람들이 서원을 하는 경우는 크게 두 가지다. 첫째는 하나님의 특별한 은혜나 도움을 받기 원해서다. 창세기 28장에 나오는 야곱의 서원기도가 여기에 해당한다. 형 에서를 피해 외삼촌이 사는 하란으로 도망가던 중 꿈에 하나님을 만난 야곱은 자신의 비참한 현실을 바라보며 하나님께 서원한다.

> 내가 평안히 아버지 집으로 돌아가게 하시오면 여호와께서 나의 하나님이 되실 것이요 내가 기둥으로 세운 이 돌이 하나님의 집이

될 것이요 하나님께서 내게 주신 모든 것에서 십분의 일을 내가 반드시 하나님께 드리겠나이다(창 28:21-22).

사사 입다도 서원을 했다. 그는 암몬 자손과의 싸움에서 이겨 평안히 집으로 돌아오게 하시면 자기를 가장 먼저 영접하는 자를 여호와께 번제물로 드리겠다고 서원했다(삿 11:30-31). 자식이 없어 남편의 또 다른 아내에게 늘 멸시당하던 한나도 성소에서 하나님께 자신의 아픔과 괴로움을 통곡하며 쏟아 낸 뒤 서원했다. 여호와께서 자신의 고통을 돌보시고 기억하사 아들을 주시면 그를 평생 여호와께 드리고 그 머리에 삭도를 대지 않겠다(삼상 1:11)며 하나님의 특별한 은혜를 구한 것이다.

서원을 하는 두번째 이유는 하나님께 받은 은혜에 감사를 표하거나 특별한 헌신을 표하려는 의도에서다. 평생 구별된 삶을 약속한 삼손이나 사무엘이 이에 해당한다. 그뿐만 아니라 여호와의 성막을 발견하기까지는 집에 들어가지도 않고, 침상에 오르지도, 졸거나 자지도 않겠다고 한 다윗의 서원(시 132:2-5), 포도주나 독한 술을 마시지 않고 메뚜기와 석청을 먹었던 세례 요한의 서원, 겐그레아에서 머리를 깎았던 바울의 서원 등도 이 같은 동기에서 나왔다.

서원은 평생 계속되거나 특정 기간으로 한정되는 경우로 나눌 수 있다. 삼손과 사무엘은 평생 서원을 지켰다. 레갑 자손들은 대대로 포도주를 마시지 않았다. 이에 반해 사도 바울은 일정한 기간 동안만 서원을 지켰다.

나 주의 도움받고자

"딸, 너 요즘 기도하니?"

대학 수시 발표를 앞둔 어느 날 나는 큰딸에게 전화를 걸어 물었다. 기도하는 중에 좋지 않은 예감이 들었기 때문이다.

"…기도해요."

"교회는? 교회는 나가는 거니?"

"네."

아주 짧은 대답이 돌아왔다. 분명 하나님과의 관계에 문제가 있는 것이 감지되었지만 직접 본 것도 아니고 본인이 아니라고 하니 다그칠 수 없었다.

큰딸은 미국에서 유학 중이었다. 어려서부터 영리하고 리더십이 있어 여자아이지만 그리스도인 리더가 되게 해 달라는 기도를 많이 했다. 그 기도의 응답인지 유학 1년 만에 고등학교 학교신문의 편집장이 되는 등 리더로서 두각을 나타냈다. 12학년이 되자 프린스턴 대학교에서 초청장이 날아왔다. 대학 입시를 앞둔 미국 전역의 12학년 중 90명을 선발해 개최하는 심포지엄에 초대한다는 것이었다. 그 행사는 유능한 학생들을 선점하기 위해 해당 대학에서 항공료, 숙박비 등 모든 비용을 부담해서 마련하는 프로그램이었다.

사실 큰딸이 12학년에 올라가기 직전 방학 때 아이의 대학 진학을 놓고 기도하던 중 주님은 프린스턴 대학교에 대한 응답을 주셨다. 이를 확증할 수 있는 증거를 구했을 때도 몇 차례에 걸쳐 동일한 학교를 지목하셨다. 그러던 중 실제로 9월에 그 학교에서 심포지엄 초청 메일이 왔고, 당연히 수시 원서도 넣었다.

심포지엄에 다녀온 딸아이는 마치 프린스턴 대학교에 합격이라도 한 듯한 태도로 학교를 다니고 있었지만 정작 발표 날짜가 가까워 오자 나는 불안했다. 보통 12월 초에 수시 합격자 발표가 나는데 11월 말부터 불안감이 가시질 않았다. 아무래도 딸이 하나님과 너무 멀리 떨어진 느낌이 들었고, 그래서 확인차 딸에게 전화를 했다.

불길한 예감은 맞아떨어졌다. 자신만만하던 딸이 불합격하고 말았다. 딸이 인생에서 맛본 두 번째 실패였다. 첫 번째는 유학하고 싶던 학교에서 거절 메일을 받았을 때였다. 그 일로 딸은 유학을 1년 연기하게 되었고, 이를 계기로 하나님을 인격적으로 만날 수 있었다.

우리 눈에는 실패처럼 보일지라도 하나님은 하나님을 사랑하는 자 곧 그의 뜻대로 부르심을 입은 자들에게는 모든 것을 합력하여 선을 이루어 주시는 분이심을 알기에 이번에는 또 어떤 하나님의 뜻이 있을까 내심 궁금했다.

여하튼 심포지엄에까지 초대받았던 대학의 진학 실패는 딸에게 큰 충격이 되었다. 나라고 왜 자식이 이런 실패를 경험하지 않고 단번에 붙기를 바라지 않았겠는가. 이 세상의 부모라면 모두가 같은 마음일 것이다. 하지만 신앙 양심상 아이의 영적 상태가 건강하지 못한데도 그냥 대학에만 붙게 해 달라는 기도가 도무지 입에서 나오지 않았다.

기도하지 않아도, 하나님과의 관계가 좋지 않아도 성공하면 우리는 쉽게 '나는 뭐든지 내 능력으로 잘될 수 있다'고 생각하게 된다. 그러나 이러한 생각만큼 두려운 것도 없을 것이다. 그런 신앙 상태로 명문대학에 입학한들 무슨 소용이란 말인가. 그런 영적 상태로는 대학에 가서도 하나님과 멀어지는 것은 불 보듯 빤한 일이었다.

"혹시 네가 왜 불합격했는지 알겠니?"

겨울방학을 이용해 잠깐 한국에 들어온 딸을 앉혀 놓고 조심스레 입을 열었다.

"네?"

딸은 눈을 동그랗게 뜨고 나를 쳐다봤다.

"한번 생각해 봐. 네가 기도도 안 하고 예배도 소홀히 하는데 하나님께서 어떻게 축복해 주실 수 있겠니? 하나님께서 우리에게 아무리 그분의 뜻을 보여 주셨다 할지라도 우리가 하나님과 멀어지고 기도하지 않으면 하나님은 우리에게 응답을 주실 수가 없어. 너의 신앙 상태가 이런데도 합격한다면 그게 오히려 너에게 독이 될지도 몰라."

딸은 보통 때 같으면 논리적으로 반박 했을 터인데 그날은 본인도 찔리는지 잠자코 내 말을 듣고만 있었다. 그러더니 "엄마, 나 대학은 들어가겠지?" 하고 잔뜩 기운이 빠진 채로 말했다. 평소 자신감이 하늘을 찌르던 아이가 이런 말을 하니 안쓰러웠다. 그러나 한편으로는 하나님이 주신 기회라는 생각이 들었다.

"그럼! 하나님이 대학은 들어가게 해 주시지. 그런데 이런 영적인 상태로는 네가 원하는 명문대에 들어가게 해 주실지는 나도 모르겠다."

뭔가 특단의 조치가 필요하다는 마음이 들었다.

"미국에 돌아가서도 매주 교회에 나가 예배 잘 드리고, 매일 밤 12시에 인터넷 화상 전화로 엄마와 함께 예배드리자. 그런 뒤 대학에 붙으면 곧바로 1년을 하나님께 드리기로 서원하자. 어때? 할 수 있겠니?"

딸아이도 다급해서인지 그렇게 하겠다고 했다. 그리고 아이는 그 약속을 지켰다. 12학년이라서인지 이벤트도 많고 밤을 새워서 해야 할 것들이 많았지만, 어떻게든 예배 시간을 지키느라 12시만 되면 노트북을 들고 골방을 찾았다. 때로는 자기 방에 친구들이 몰려와 있는데도 이제 예배드려야 할 시간이라며 친구들을 내보내고 나와 함께 예배를 드렸다.

재학생의 95퍼센트가 비신자인 곳에서, 친구들과의 관계가 제일 중요한 청소년기에 그 정도의 믿음을 보인다는 것이 쉽지만은 않았을 것이다.

"하나님, 다 보셨죠?"

엄마인 내가 보기에도 딸이 대견한데 하나님 보시기에는 얼마나 귀할까 싶었다.

딸은 정시 모집에 아홉 개 대학에 지원했다. 발표 날짜가 다가오는데 수시 때와는 달리 마음이 평안했다. 그뿐 아니라 하나님께서 딸에게 이전보다 더 큰 축복의 문을 여실 거라는 설렘까지 생겼다.

제일 먼저 발표가 난 곳은 캘리포니아대학교 로스앤젤레스캠퍼스(UCLA)였다. 당연히 합격이었다. 딸아이가 이제 적어도 대학은 갈 수 있게 되었다고 얼마나 좋아했는지 지켜보는 우리도 기뻤다.

그런데 며칠 뒤 딸아이는 울먹거리며 소식을 전했다.

“엄마, 프린스턴 대학교에 합격했어요!”

우리는 너무 기뻐 ‘할렐루야!’를 연발했다. 그런데 다음날 딸에게 또 연락이 왔다.

“엄마, 하버드에서 이상한 메일이 왔어요!”

메일을 확인해 보니 장학금 신청서였다. 우리는 한동안 혼란스러웠다. 그러나 곧 그것이 합격통지서라는 것을 알게 되었다.

“이게 꿈이야, 생시야?

그때 딸아이가 촉촉이 젖은 목소리로 말했다.

“하나님이 이렇게까지 안 하셔도 되는데… 나는 이런 축복을 받을 자격이 없는데….”

아이는 끝내 말을 잇지 못했다.

함부로 서원하지 마라

“주께서 제게 확실한 승리를 주셔서 암몬 사람을 이기게 하시면, 제가 무사히 돌아올 때에 제 집에서 저를 맞으러 나오는 것을 하나님께 드리겠습니다. 그것이 무엇이 되었든 상관없습니다. 그것을 희생번제로 바치겠습니다.”

사사기 11장에서 입다는 암몬 사람과 싸우러 나가면서 하나님께 이렇게 서원한다. 하나님은 암몬 사람을 그의 손에 넘겨주셨고, 입다는아로엘에서부터 민닛 주변 지역 그리고 멀리 아벨 그라밈까지 스무 개 성읍을 쳐서 크게 이겼다. 그야말로 압승이었다. 암몬 사람은 이스라엘 백성에게 항복했다.

입다가 미스바에 있는 집으로 돌아오자 그의 딸이 집에서 달려 나와 탬버린을 들고 춤추며 그의 귀향을 환영했다! 그녀는 입다의 무남독녀 외동딸이었다. 입다는 그것을 보고 자기 옷을 찢으며 말했다.

“아, 사랑하는 내 딸아, 내 처지가 비참하게 되었구나. 내 마음이 갈기갈기 찢어진다. 내가 하나님께 서원했으니 이제 와서 되돌릴 수가 없구나!”

이때 딸의 대답이 놀랍다.

“사랑하는 아버지, 하나님께 서원하셨으면 아버지가 서원하신 대로 행하십시오. 하나님께서는 그분의 일을 행하심으로 원수 암몬에게서 아버지를 구원하지 않으셨습니까!”

그렇다. 입다의 딸이 말한 것처럼 하나님께 서원한 것은 그것이 무엇이든 반드시 지켜야 한다(신 23:21-23). 그것이 비록 해가 된다 할지라도 말이다. 만약 서원을 하고 그것을 지키지 않거나 미루거나 다른 방법으로 대신하면 그것은 죄가 된다. 하나님의 이름과 영광에 큰

손상을 가하기 때문이다.

개역한글 성경에서는 민수기 30장 2절을 "사람이 여호와께 서원하였거나 마음을 제어하기로 서약하였거든 파약하지 말고 그 입에서 나온 대로 다 행할 것이니라"라고 번역하고 있는데, 여기에 쓰인 '마음을 제어한다'는 말은 본래 서원을 지키지 못하면 생명을 잃게 된다는 배경에서 나온 말이다. 즉 서원은 목숨을 걸고 반드시 지켜야 한다는 얘기다.

다만 서원의 이행에도 예외 규정이 있다(민 30장). 만일 미혼인 딸의 서원에 대해 아버지가 반대한다면 그 서원은 무효이며, 결혼한 여자의 서원은 남편의 허락이 요구되었다.

서원은 보통 하나님께 특별한 소원을 가지거나 누구보다 경건하게 살아 보려는 사람이 한다. 그래서 서원은 더 깊은 헌신을 할 수 있는 기회이기도 하다. 하지만 그것은 즉흥적 판단이나 감정에 따라 함부로 해서는 안 된다.

서원을 하기 전에 충분히 기도하고 신중하게 결정해야 한다. 성경은 서원하고 갚지 않는 것보다 서원하지 않는 것이 더 낫다(전 5:5)고 했다. 또 "함부로 이 물건은 거룩하다 하여 서원하고 그 후에 살피면 그것이 그 사람에게 덫이 되느니라"(잠 20:25)라고 말씀하고 있다.

내 삶의 가장 좋은 것을 드리라

큰딸은 하나님의 은혜로 그 외에도 몇몇 대학교에 합격했다. 그리고 기도하며 의논한 끝에 하버드 대학교에 가기로 결정했다.

졸업을 앞두고 딸에게 연락이 왔다. 대학에 합격하면 1년을 하나님께 드리기로 해 놓고서 그 사이에 마음이 흔들린 모양이었다.

"엄마, 일단 입학해서 한 학기 다니고 나서 휴학할게요. 그럼 여름학기를 채워서 휴학하지 않고도 4년 만에 친구들과 함께 졸업할 수 있어요."

"그게 무슨 소리야? 하나님께 서원했으면 그대로 지켜야지."

나는 딸에게 서원을 지켜야 하는 이유와 함께 1년간 신앙 훈련을 하는 것이 앞으로 대학생활에서 믿음으로 사는 삶에 얼마나 중요한지 설명하고 설득했다. 딸아이 역시 신앙 훈련의 필요성을 인지한 터라 하나님과의 약속을 지키기로 했다.

한국에 들어와 3주 쉬고는 곧바로 미국의 신앙공동체 인턴십 과정으로 6개월 동안 훈련받으면서 딸은 완전히 하나님의 사람이 되어 돌아왔다. 비록 외모는 초라할 정도로 머리는 질끈 묶고 얼굴은 새까매져서 청바지에 티셔츠를 입고 나타났지만 내가 본 딸의 얼굴 중에 가장 맑고 평화로우며 아름다운 얼굴이었다.

"왜 휴학을 해요? 방학 때 잠깐 갔다 오면 되잖아요."

딸 이야기를 하면 심지어 신앙인들도 이렇게 말했다. 그런데 이런 사실을 아는가? 최근 서울대생의 교회 출석률은 고작 3.8퍼센트, 신촌 대학가에서는 대학생 교회 출석률이 4퍼센트도 못 미친다는 사실을….

그뿐만 아니라 미국, 유럽과 같은 나라는 술, 마약, 프리섹스 등의 문화에 쉽게 노출될 수 있는데, 그곳에서 유학생활 하는 주님의 자녀들은 상상할 수도 없는 세계와 접하고 그것과 싸워야 한다. 하나님을 인격적으로 만나지 않은 아이들이 이러한 문화에 노출되는 순간 그 유혹에 못 이겨 교회를 떠나고 세상에서 방황하는 것은 시간문제다.

이렇게 우리의 자녀들 안에 영적으로 해결되고 무장해야 할 것들이 엄청나게 많은데도 하나님을 믿는 부모조차 주일에 예배드리고 방학 때 잠깐 캠프에 참가하면 그런 부분이 다 해결될 줄 알고 있다는 사실은 참으로 안타까운 일이 아닐 수 없다.

신앙 훈련을 받던 어느 날 하나님이 딸에게 물으셨단다.

"내 딸아, 나를 위해서 친구들을 내려놓을 수 있겠니?"

딸은 워낙에 사회성이 좋아 가는 곳마다 친구가 많았다. 지금까지 사귄 친구만 해도 수백 명이 넘을 것이다. 친구 따라 강남 가는 식으로 친구의 영향을 많이 받는 아이였다. 물론 그들 중 거의가 하나님을 안 믿는 아이들이었다. 그런 딸에게 친구들을 내려놓으라는 요구는 청천벽력과 같은 일이었다. 사형선고나 다름없는 얘기를 들은 그날 딸은 엉엉 울었다고 한다. 그리고 울면서 이렇게 고백했단다.

"네, 주님! 주님이 원하시면 그렇게 할게요."

그 후 인턴십을 마치고 한국에 돌아와서도 딸아이는 교회 친구들 외에는 아무도 만나지 않았다. 세상 친구는 다 끊기로 했다며 한 달 동안 거의 은둔생활을 하다시피 했다. 그렇게 친구를 좋아하던 딸은 혼자 있으니 심심하고 지겹다고 하면서도 끝까지 마음을 지켰다. 대신 교회와 집회에 열심히 다녔고 소그룹 기도 모임에 참여하기도 하면서 새로운 믿음의 친구들을 사귀게 되었다.

물론 안 믿는 친구들을 만나긴 했다. 하지만 만남의 목적이 예전과 확연히 달라졌다. 그들의 영혼을 안타깝게 여기며 전도하기 시작한 것이다.

"○○는 아직 마음이 열리지 않았어."

"□□는 좀 더 기다려야 할 것 같아."

딸은 친구들을 만나고 온 날이면 내게 이런 얘기를 했다.

가족과 함께 꿈같은 시간을 보낸 딸은 여름방학이 다가오자 일찌감치 미국으로 돌아갔다. 유학 중인 친구들이 방학을 맞아 모두 한국으로 들어올 텐데, 한국에 있으면 정에 끌려 안 만날 수가 없다는 것이 그 이유였다. 예정보다 훨씬 빨리 미국으로 돌아가 아르바이트 자리를 알아보겠다고 했다.

친구들과 한창 놀 나이에 자기의 믿음을 지키려고 애쓰는 모습이 짠하면서도 하나님께서 이 아이의 인생을 책임져 주실 것이라는 믿음이 생겼다.

"엄마, 걱정하지 마세요. 난 그동안 주님과 보낸 시간을 결코 잊지 못해요! 내 마음은 언제나 주님께로 달려가고 있어요!"

딸은 대학에 입학한 뒤 공부하느라 바쁜 중에도 믿음의 친구들과 소그룹을 만들어 함께 성경공부 하고 기도하기를 힘썼다. 그런 딸에게 내가 더 이상 뭘 바라겠는가.

자녀들이 정말로 잘되기를 바란다면 하나님께 그 아이의 가장 좋은 시간, 그리고 가장 좋은 것을 드려라. 그러면 하나님께서 제일 좋은 것으로 그 아이에게 갚아 주신다. 자녀의 인생을 주님께서 책임져 주신다.

서원기도문

사랑하는 나의 하나님!

하나님께서는 우리에게 가장 좋은 것을 주시고

언제나 선한 길로 인도하십니다.

무엇보다도 당신의 아들 예수 그리스도를 우리에게 주셨습니다.

이 은혜를 어찌 다 갚겠습니까?

하나님의 은혜에 조금이라도 보답하고자

내 인생의 가장 귀한 것들을 주님께 올려 드립니다. 받아 주세요.

하나님이 나의 인생을 책임져 주실 것을 믿고

여호와 이레의 인생을 믿음으로 살아가길 원합니다.

저의 생명과 시간과 물질과 재능을 드리오니

저를 통해 영광받아 주옵소서.

주님을 더욱 사랑하며 당신의 기쁨이 되는 인생이 되기를

소망합니다.

우리를 위해 당신의 모든 것을 내어 주신

사랑하는 예수님 이름으로 기도드립니다.

아멘.

하나님의 빛을 가져오는 스위치

우리 집은 뒤늦게 입양한 막내딸 때문에 항상 웃음이 끊이지 않는다.

"목사님, 애 키우랴 사역하시랴 얼마나 힘드세요?"

성도들 중에 간혹 내게 이런 말을 건네는 사람이 있다. 솔직히 몸은 고단하다. 엄마니까 아침에 아이를 챙겨 학교에 보내야 하고 이것저것 손이 많이 가는 게 사실이다. 하지만 그 수고가 전혀 힘들지 않고 오히려 감사하다. 흔히 내 나이대의 여성들이 겪는 갱년기 증상을 나는 막내딸로 인해 잘 모르고 지나가고 있다. 또 막내딸이 "엄마!"라고 부르며 미소를 보일 때면 가슴 깊은 곳으로부터 기쁨의 샘이 솟는다. 막내딸과의 끈끈한 유대관계를 통해 얻는 이 기쁨은 지상의 어떤 것과도 비교할 수 없는 천상의 기쁨이다. 우리를 향한 하늘 아버지의 기쁨을 어깨너머로 살짝 엿보는 느낌이랄까. 그러니 감사하고 또 감사하다.

"세상에서 가장 지혜로운 사람은 배우는 사람이고, 세상에서 가장 행복한 사람은 감사하며 사는 사람이다."

탈무드에 나오는 말이다. 행복은 언제나 우리 곁에 있고, 그것은 감사에서 시작된다. 행복은 사실 소유에 비례하기보다 감사하는 마음에 비례한다. 행복은 자신에게 없는 것에 관심을 갖기보다 있는 것에 자족하는 마음에서 시작된다. 또한 자신의 가족과 친구, 이웃들과 얼마나 사랑을 주고받으며 끈끈한 유대관계를 유지하느냐에 따라 달라진다. 자신에게 있는 것을 소중히 여기고 감사하는 사람이 행복한 인생을 살게 된다.

"땡큐, 지저스"

하나님을 믿지 않는 가정에서 성장한 내가 지금까지 신앙의 수직 상승곡선을 그릴 수 있었던 것은 하나님의 특별한 은혜였다. 지난 시간들을 되돌아볼 때 주님만을 바라보며 최선을 다해 왔다고 자부한다. 하지만 '범사에' 감사하라는 말씀 앞에서는 그렇게 해 왔노라고 자신 있게 대답할 수가 없다. 생각해 보면 내 삶에 놀라운 치유와 회복이 있었지만 항상 기쁨으로 충만하지는 못했다. 그런데 그 이유가 바로 감사의 부족이라는 것을 깨닫기까지는 시간이 걸렸다.

좋은 일, 기쁜 일에 감사하는 것은 누구나 할 수 있다. 하지만 하나님을 믿는 우리에게는 더 높은 차원의 감사가 요구된다. 기쁜 일이든 슬픈 일이든, 좋은 일이든 나쁜 일이든, 건강할 때나 병들었을 때나, 부요할 때나 가난할 때나, 이해할 수 있는 일이든지 그렇지 않든지, 기대한 일이든지 기대에서 벗어난 일이든지, 언제 어디서 무슨 일을 만나든 감사하는 것, 모든 일, 모든 상황에 감사하는 것, 그것이 바로 범사에 감사하는 것이며 그것이 다름 아닌 하나님의 뜻이다.

> 항상 기뻐하라 쉬지 말고 기도하라 범사에 감사하라 이것이 그리스도 예수 안에서 너희를 향하신 하나님의 뜻이니라(살전 5:16-18).

21세기를 살아가는 우리는 인류 역사상 최고 수준의 삶을 누리고 있다. 한 세대 전만 해도 상상할 수 없었던 고급스러운 차와 넓은 집, 놀라운 품질의 물건을 소유할 수 있게 되었다. 그러나 이러한 환경의 변화에도 불구하고 우리나라 사람들의 행복지수는 더 낮아지고 있고 자살률은 OECD 국가 중 최고 수준이다.

캘리포니아 대학교의 로버트 에먼스 교수와 마이클 메컬로프 교수는 '감사'가 사람에게 육체적, 정신적으로 어떤 영향을 미치는가를 알아내는 실험을 했다. 자원봉사자들을 세 그룹으로 나누어 일주일간 A그룹은 기분 나쁜 말과 행동에 집중하게 하고, B그룹은 감사를 드러내는 말과 행동에 집중시켰으며, C그룹은 일상적인 말과 행동에 집중하도록 했다.

그 결과 B그룹의 사람들이 행복감을 가장 많이 느꼈고, 자신의 삶을 긍정적으로 바라보게 되었으며, 심지어 두통이나 감기를 앓은 사람도 없었고 활동지수도 매우 높게 나왔다.

그 밖에도 두 교수가 1년에 걸쳐 진행한 감사에 대한 심층 분석에 따르면 이렇게 감사의 언행을 연습하는 사람들은 질투를 느끼거나 좌절을 겪는 일도 현저하게 줄어들었다. 아울러 감사하는 사람들은 이웃을 돕고 배려하는 데도 적극적인 것으로 나타났으며, 가족관계도 좋아지고 신앙심 역시 깊어졌다는 결과가 나왔다. 또한 감사하는 태도는 '매일' 연습할 때 더 효과적이라는 결과도 나왔다.

주위를 둘러보면 가진 것도 배운 것도 별로 없고 외모도 보잘것없는, 소위 스펙이 없는데도 형통하고 성공적인 삶을 사는 사람들이 있다. 그 비결은 뭘까? 그들의 공통점은 항상 기쁜 마음으로 감사하며 산다는 것이다. 그들은 작은 일에도 감사를 잊지 않기에 당연히 모든 일에 초긍정의 태도를 지니며, 주변 사람들과도 친밀한 관계를 유지하고, 하는 일에도 좋은 성과를 낸다.

즐겁게 감사하며 사는 사람이 그렇지 못한 사람들보다 훨씬 건강하고 행복하다는 것은 의학 분야에서 이미 검증된 사실이다. 인간의 신체는 감정에 민감하게 반응하기 때문에 감사하기 시작하면 맥박이 고르게 되고 위장의 활동을 도와 소화력을 증진시키고 면역력을 증진시켜 건강하게 된다는 것이다. 그뿐만 아니라 스트레스 상황에서도 자신을 잘 통제할 수 있고 질병의 위험에서도 회복이 빠르며 감사하지 않는 사람들보다 10여 년을 더 장수한다고 한다.

반면 원망과 불평을 쏟아 내며 감사하지 못하는 사람들의 마음과 육체는 병들기 쉽고 불행해진다. 유난히 잔병치레가 많은 사람은 혹시 감사를 잃어버린 것은 아닌지 자신을 살펴보길 바란다. '감사하다'라는 말 한마디로 우리는 지금보다 더 건강하고 행복해질 수 있다. 감사의 마음은 기도를 시작하는 태도 중 가장 중요한 바탕이 된다.

> 아무것도 염려하지 말고 다만 모든 일에 기도와 간구로, 너희 구할 것을 감사함으로 하나님께 아뢰라 그리하면 모든 지각에 뛰어난 하나님의 평강이 그리스도 예수 안에서 너희 마음과 생각을 지키

시리라(빌 4:6-7).

세상을 바라보는 시각을 조금만 바꾸면 인생의 많은 것이 바뀐다고 한다. 인생의 부정적이고 부족한 부분을 한탄하고 원망하는 것이 아니라 자신이 가지고 있고 누리는 것들에 감사하는 관점을 가질 때 우리 인생에 놀라운 일들이 일어난다.

전문가들의 연구에 의하면 이렇게 감사의 훈련을 연습해 온 사람은 슬픔이나 고통이 닥칠 때 다른 사람보다 더 잘 견딜 수 있게 된다고 한다. 그리고 감사의 습관이 몸에 붙으면 마치 방탄복을 입은 것 같은 효과가 생기는데, 그것은 관계 속에서 생기는 스트레스와 분노와 같은 파괴적 힘으로부터 우리 자신을 보호해 주기 때문이다.

당신을 힘들게 하는 사람이 주변에 있는가? 그 사람을 축복하고 그 사람에게 더 적극적으로 '감사하다'고 말해 보라. 얼마 지나지 않아 그 사람은 당신에게 가장 많은 도움을 주는 고마운 사람이 될 것이다.

또한 감사의 힘은 고통스러운 기억이 그의 삶에 영향을 미치지 못하도록 방패막이가 되기 때문에 감사로 단련된 사람은 소망을 기억하며 포기하는 일이 없게 된다고 한다.

남편의 가출과 삶의 역경 속에서도 세 자녀를 미국 명문대의 장학생으로, 신앙의 자녀로 훌륭하게 키워 낸 황경애 사모의 원동력도 감사였다. 감사의 기도가 불도저 같은 그녀에게 결코 포기란 없는 성공 인생을 만들어 냈다.

그녀의 어머니는 기도하는 분이었다. 좌절의 순간마다 어머니에게 하소연할 때면 그녀에게 감사의 기도 제목을 천 번 선포해 보라고 권면했단다. 너무나 힘든 상황 속에서도 어머니의 가르침을 따라 입을 열어 감사의 기도를 아뢰기 시작하면 어느덧 마음에는 긍정의 에너지와 기쁨의 샘이 솟았고 소망의 빛이 보이기 시작했다고 그녀는 고백한다.

황경애 사모는 요즘 '자녀교육'에 대한 집회와 강의 요청이 쇄도하여 1년에 지구를 한 바퀴 돌 정도로 바쁘고 보람찬 시간을 보내고 있다. 하루를 "땡큐 지저스!"로 시작한다는 그녀는 오늘도 지금의 자신을 있게 해 준 감사의 능력을 사람들에게 설파하고 있다.

감사의 말로 생각의 활주로를 점령하라

'thank'는 고대 영어인 'pancian'에서 유래되었다. 그리고 그 뿌리가 되는 단어인 'panc'는 '생각하다'라는 뜻을 가진 'think'의 어원이 된다. 이것을 정리해 보면 '감사해야 할 일에 대해 의식적으로 생각하지 않으면 우리는 결코 감사할 수 없다'는 해석이 된다. 그렇기에 감사하는 마음은 갑자기 하늘에서 뚝 떨어지는 것이 아니라 의식적으로 생각해야 하고 훈련해야 하는 것이다.

> 대저 그 마음의 생각이 어떠하면 그 위인도 그러한즉 그가 네게 먹고 마시라 할지라도 그의 마음은 너와 함께하지 아니함이라(잠 23:7).

우리의 생각이 곧 우리 자신이다. 지금 내가 매 순간 무슨 생각을 하고, 어떤 생각에 사로잡혀 있는가가 나의 인생을 결정한다는 것이다. 우리가 하는 생각의 근원을 찾아가 보면 그것은 천상의 생각과 지옥이 근원인 어두움의 생각으로 크게 분류된다.

천상의 생각이란 빛의 생각들, 즉 밝은 생각들을 말하는데 이것은 우리 안에서 건설적인 에너지를 만들어 낸다. 그리고 이러한 생각은 우리에게 평강과 기쁨을 주고 감사의 마음을 갖게 해 주며, 이러한 감정은 우리의 몸과 마음을 부드럽고 행복하게 해 준다.

반면 지옥이 그 근원인 어두움의 생각, 즉 두려움, 분노, 염려, 근심, 질투, 미움, 원망 등은 우리 삶에 파괴의 에너지를 발산한다. 어두움의 생각에 사로잡히는 순간부터 파괴 에너지는 우리를 멸망시키려는 작업에 착수한다.

> 모든 지킬 만한 것 중에 더욱 네 마음을 지키라 생명의 근원이 이에서 남이니라(잠 4:23).

그러므로 우리의 생각과 마음을 지키는 것이 얼마나 중요한지 모른다. 모든 갈등과 고통은 생각과 마음을 다스릴 수 없기 때문에 생긴다. 만약 자신의 생각의 근원을 발견해 치유하고 다스리고 또 그것을 잘 사용할 수 있다면 우리는 진정 자유롭고 강하며 행복한 사람이 될 것이다. 그래서 바울은 우리가 모든 생각을 사로잡아야 한다고 말했다.

> 하나님 아는 것을 대적하여 높아진 것을 다 무너뜨리고 모든 생각을 사로잡아 그리스도에게 복종하게 하니(고후 10:5).

우리의 생각 속에는 사탄이 안심하고 착륙하는 지점, 즉 활주로와 같은 곳이 있다고 한다. 사탄은 계속해서 그곳에 접근하여 착륙을 시도한다. 그들이 우리의 생각에 일단 무사히 착륙하면 우리는 사탄이 평생 해온 거짓말에 동의하면서 예전에 늘 하던 대로 생각하기 시작한다. 그러므로 우리는 그리스도를 위해 생각의 활주로를 점령해야 한다.

그렇다면 어떻게 생각의 활주로를 점령할 수 있나?

우리에게 있는 특별한 기억이나 말이 잘못되고 안 좋은 생각을 불러일으킬 때 그것들을 붙잡아 새로운 생각으로 대치하면 잘못된 생각은 저절로 떠나게 된다. 이때 사탄은 활주로 착륙에 실패하여 다시 날아가 버린다.

우리가 생각을 대치할 때 알아야 할 가장 중요한 무기는 말(언어)이다. 말에는 능력과 권세가 있어 우리의 생각을 대치하고 새롭게 할 수 있는 강력한 힘을 가지고 있다.

우리 입에서 나온 말은 다른 사람의 귀에도 들어가지만 자신의 귀에도 들어간다. 어떤 유형의 말을 들었느냐에 따라 우리는 기쁨이나 평안을 얻을 수도, 슬픔과 고통을 받을 수도 있다. 심지어 자기가 내뱉은 말에 자신의 영이 묶임을 당할 수도 있다.

> 죽고 사는 것이 혀의 힘에 달렸나니 혀를 쓰기 좋아하는 자는 혀의 열매를 먹으리라(잠 18:21).

그러므로 우리는 말하는 습관을 훈련해야 한다. 우리는 자신과 다른 사람 그리고 미래에 대해서 악하게 말해 저주할 수도 있고, 반대로 좋게 말해서 축복할 수도 있다. 야고보는 말의 능력에 대해 다음과 같이 말하고 있다.

> 이와 같이 혀도 작은 지체로되 큰 것을 자랑하도다 보라 얼마나 작은 불이 얼마나 많은 나무를 태우는가 혀는 곧 불이요 불의의 세계라 혀는 우리 지체 중에서 온몸을 더럽히고 삶의 수레바퀴를 불사르나니 그 사르는 것이 지옥 불에서 나느니라(약 3:5-6).

누군가 던진 담배꽁초에 의해 산불이 나서 산 전체를 태웠다는 뉴스를 들어 본 적이 있을 것이다. 이와 같이 혀가 하나님에 의해 통제되지 않으면 매우 악하고 부패해져 우리 몸 전체를 오염시키고 나아가 사탄이 원하는 것을 이루게 할 수도 있다.

말을 들어 보면 그 사람의 영적 단계를 알 수 있는데 자주 쓰는 말이 자신의 영적 단계를 나타낸다고 보면 된다. 미성숙한 사람은 자기중심적이고, 자신이 원하는 것을 얻지 못하면 행복해지지 않기 때문에 불평과 부정적인 말을 많이 하게 된다. 또한 뒷담화를 즐기며 편견이 심하고 분별없이 말해서 문제를 종종 일으킨다. 그것은 사탄에게 생각의 활주로를 내 주었기 때문인데, 그로 인해 사탄이 자유자재로

이착륙을 하며 그 사람 안에서 파괴적인 활동을 하고 그와 접촉하는 사람들까지 오염시키는 것이다.

말은 우리의 마음과 태도를 드러낸다. 우리가 진정으로 하나님을 신뢰한다면 불평하지 않고, 우리 삶 속에 역사하고 계시는 하나님을 소리 내어 감사하게 될 것이다. 상처가 많은 사람들은 자신의 삶에 남아 있는 아픈 기억들을 속히 떠나보내야 하며, 부정적인 생각이나 불안정하고 요동치는 감정에 굴복하지 말고 자신을 향해 하나님의 말씀을 선포해야 한다. "항상 기뻐하라! 범사에 감사하라!"

만약 당신이 고난과 시련 가운데 있다면 불평하지 말고 더 크게 하나님을 찬양하고 자주 감사하도록 의식적으로 훈련하라. 불평불만으로 가득 찬, 투덜거리고 흠잡는 사람의 입에서 나오는 기도, 감사가 빠진 기도는 결코 하나님께 상달되지 않는다.

출애굽한 이스라엘 민족이 왜 광야에서 40년간이나 고생했는가? 애굽에서 하나님이 약속하신 가나안 땅까지는 고작 11일이 걸리는 여정이지만 그들은 40년을 광야에서 유리방황했다. 그리고 그들 대다수는 약속의 땅을 밟지 못하고 광야에서 죽었다. 그 이유는 불평불만 하는 그들의 태도 때문이었다. 불평의 가장 나쁜 측면은 우리가 가진 복을 보지 못하고, 소유하지 못한 것만 보게 한다는 것이다. 그러므로 낙심하고 한탄하며 원망하게 되는 것이다.

백성이 하나님과 모세를 향하여 원망하되 어찌하여 우리를 애굽에서 인도해 내어 이 광야에서 죽게 하는가 이곳에는 먹을 것도 없고 물도 없도다 우리 마음이 이 하찮은 음식을 싫어하노라 하매 (민 21:5).

'불평'(complain)이란 단어는 어원적으로 '머물다'라는 뜻이 있다. 내가 어떤 상황에 대해 불평하면 나는 그 안에 머물게 된다. 이스라엘 민족은 불평하고 탓하고 투덜거렸기 때문에 광야에서 머물고 방황했다.

하지만 가나안 땅을 정탐했던 여호수아와 갈렙은 장애물을 보지 않고 하나님의 약속을 신뢰했다. 그들의 긍정적인 믿음의 태도는 이스라엘 백성이 약속의 땅에 들어가는 특권을 누리게 했다.

당신에게 지금 벗어나고 싶은 환경이나 상황이 있는가? 그렇다면 감사할 거리를 찾아라! 당신이 갖지 못한 것들만 보지 말고, 지금 가지고 있는 모든 것에 감사하다고 말하라!

감사의 말은 사탄을 대적하고 그들의 계획을 무산시키지만, 불평은 사탄의 악한 계획이 우리 삶에 성취될 수 있도록 만든다. 주변에 부정적인 사람이 아무리 많더라도 우리가 계속적으로 긍정적인 태도를 가지고 긍정적인 말을 한다면 하나님은 우리에게 축복의 삶을 누리게 해 주실 것이다.

혹시 끊임없이 다른 사람과 비교하며 감사를 잊은 채 우울한 삶을 살아가고 있지는 않은가? 감사는커녕 불만과 절망이 자신의 삶을 꿰차고 있지는 않은가? 특히 우울감이나 염려, 근심이 떠나지 않는다면 영적인 습관을 바꾸기 위해 매일 감사일기를 써 보기를 권면한다. 하루에 세 가지 정도의 감사기도 제목을 적어 갈 때 당신의 마음은 어느덧 감사의 빛깔로 물들어 갈 것이다.

무엇이 감사를 방해하는가?

그렇다면 우리가 감사의 삶을 살지 못하도록 방해하는 것은 무엇일까? 여러 가지가 있겠지만 《평생감사》로 유명한 전광 목사는 욕심과 비교의식, 염려 세 가지를 지적한다.

1. 욕심

> 욕심이 잉태한즉 죄를 낳고 죄가 장성한즉 사망을 낳느니라(약 1:15).

인간과 동물에게는 욕구가 있다. 기본적으로 수면과 식욕 그리고 성적인 욕구는 생존을 위한 필수불가결한 것들이다. 동물은 자신의 욕구를 만족시킨 후에는 더 이상 욕심을 부리지 않는다.

반면 인간은 그런 기본적인 욕구에 만족하지 못하고 더 많은 것, 더 좋은 것을 원한다. 이러한 욕망이 인류 문명을 발전시키는 원동력이 되기도 했지만 인간의 욕심은 끝이 없어서 하나님조차도 그 욕심을 만족시킬 수 없다.

전월세를 전전하다 처음으로 내 집을 마련하게 되면 얼마나 감사한가. 그런데 감사도 잠시, 얼마 지나지 않아 그 집도 시큰둥해지고 더 큰 집을 바라게 된다. 새 차를 구입했을 때 그 차의 향기까지도 기분 좋고 감사했을 것이다. 그러나 그것도 잠시, 옆집의 고급차를 보는 순간 자신의 차가 한없이 초라해 감사하는 마음은 온데간데없이 사라지고 만다.

하나가 성취되면 다른 것을 원하고, 그것이 성취되면 또 다른 것을 원한다. 욕심은 끊임없이 '더, 더, 더'를 외치며 인간을 나락으로 이끈다.

욕심과 감사는 공존할 수 없다. 욕심은 사탄에게 속한 것이고 감사는 하나님께 속한 것이기 때문이다. 하나님의 은혜를 한순간에 불평으로 바꾸어 놓는 것이 바로 욕심이라는 것을 잊지 말아야 한다.

2. 비교의식

비교의식은 어떤 의미에서 욕심의 또 다른 얼굴이라고 말할 수 있다. 사람들은 상대방과 자신을 끊임없이 비교하면서 우월감으로 교만해지거나, 열등감에 사로잡혀 자기비하에 매몰된다.

비교의식은 우리를 상대적 빈곤감에 빠뜨린다. 상대방이 나보다 더 많은 재물을 가졌는지, 재능이 많은지, 스펙이 뛰어난지, 학벌이 좋은지를 비교하기 시작하면 감사는 사라지고 불행의 늪에 빠지게 된다.

사탄은 끊임없이 비교를 통해 우리를 시기심의 노예로 전락시키고 인생을 비참하게 만든다. 그러므로 비교란 인간이 선택할 수 있는 가장 어리석은 행동이라고 혹자는 말한다.

우리나라는 이런 점에서 불행한 나라다. 학연, 지연, 혈연과 같은 줄 세우기를 강요받는 문화 속에서 학생들이 학업과 진학에 대한 스트레스를 이기지 못해 스스로 목숨을 끊는 안타까운 일도 있다. 줄곧 2등을 해 온 우수한 학생이 “너는 1등은 할 수 없니?”라는 부모의 한마디에 자신은 결코 1등이 될 수 없다며 자살한 사건이 있다. 일등 제일주의가 낳은 비극이 아닐 수 없다.

예전보다 나아지긴 했지만 일등 제일주의는 올림픽이나 아시안게임 등의 보도에서도 여전히 드러난다. 금메달을 따지 못하면 마치 실패자인 양 매스컴에서 보도조차 하지 않으려는 것을 볼 때면 아연실색할 수밖에 없다. 외국에서는 메달에 상관없이 올림픽에 참가했다는 것만으로도 경의를 표하는 모습과 비교돼서 참 씁쓸하다.

우리가 자주 사용하는 '엄친아'라는 말도 따지고 보면 비교 문화에서 나온 말이 아니던가! 우리나라는 학업을 넘어 외모, 재력, 스펙 등 모든 게 비교의 대상이 되어 버렸다. 외모도 스펙이라는 말이 등장할 정도로 성형이 성행하는 것도 이 때문이다.

우리는 살아가면서 수많은 비교의식에 사로잡힐 때마다 "너는 내 사랑하는 아들(딸)이라 내가 너를 기뻐한다"라고 말씀하시는 하늘 아버지의 음성을 들어야 한다(막 1:11). 그때 비로소 우리는 비교의식의 굴레에서 벗어날 수 있고 경쟁의 질주를 멈출 수 있다. 이제 그만 다른 사람과의 비교를 멈추고 자신의 삶 속에 감사해야 할 조건들을 계수해 보라.

3. 염려

우리가 염려하는 문제가 실제로 벌어지는 경우는 불과 10퍼센트도 되지 않는다고 한다. 그러니 우리가 하는 염려의 90퍼센트 이상은 쓸데없는 과거에서 오는 우려나 아직 일어나지도 않은 미래의 일이라는 것이다. 이렇게 우리는 하지 않아도 될 염려를 꿰찬 채 살아 가고 있다.

중세시대의 한 순례자가 어느 도시 근처에서 흑사병의 영을 만났다. 흑사병의 영도 마침 그 도시에 들어가려던 참이었다. 그는 순례자에게 그 도시의 10분의 1의 생명을 취하겠다고 했다. 그런데 이게 웬일인가. 순례자가 그곳에 들어가 보니 인구의 3분의 1이 죽어 있었다.

얼마 뒤 다른 곳에서 이 둘은 다시 만났고 순례자가 어찌된 영문인지 물었다.

"그때 10분의 1만 죽인다더니 왜 3분의 1이나 죽였느냐?"

흑사병의 영은 이렇게 대답했다.

"나는 내가 말한 대로 10분의 1의 생명만 취했다. 그런데 나머지 사람들은 죽어 가는 사람들을 보며 두려움에 사로잡혀 시름시름 앓더니 하나둘 죽어 갔다."

두려움과 염려, 근심은 인간을 파멸시킨다.

> 너희 염려를 다 주께 맡기라 이는 그가 너희를 돌보심이라 근신하라 깨어라 너희 대적 마귀가 우는 사자같이 두루 다니며 삼킬 자를 찾나니(벧전 5:7-8).

감사, 행복의 문을 여는 열쇠

악한 영들은 우리의 평안을 깨뜨리려고 한다. 평안을 빼앗기면 믿음이 요동치고, 믿음이 요동치면 하나님에 대한 의구심이 생기고, 그러면 점차 하나님으로부터 멀어지게 되는데, 그때 악한 영들은 우리를 자기들 마음대로 조종하여 결국 지옥으로 끌고 가려 한다. 이것이 그들의 최종 목표이기 때문이다.

따라서 평안이 사라지고 두려움과 염려에 휩싸일 때 우리는 의식적으로라도 감사를 선포해야 한다. 때로는 대적기도보다 더 효과적인 것이 바로 감사의 기도다. 감사는 하나님의 빛을 가져오는 스위치와 같다. 감사를 선포하면 우리 안의 두려움, 염려, 근심과 같은 어두움은 자연스럽게 물러가고 평안이 임하기 때문이다.

감사도, 염려와 불평도 영적인 습관이다. 혹자는 부정적인 사람의 눈에는 장미꽃의 아름다움보다 거기에 있는 작은 가시가 먼저 들어온다고 한다. 다른 사람을 볼 때나 자신을 볼 때 수많은 장점이 아니라 한 가지 단점을 발견하고 집착한다. 그리고 자신이 가진 것보다 갖지 못한 것에 관심을 모은다. 그런 사람은 불평을 달고 산다. 문제는 본인만 불행해지는 게 아니라 주변 사람들까지 불행하게 만든다는 것이다.

반대로 감사의 습관에 길들여지면 보는 것마다 감사의 조건이 되고 입을 열면 감사가 샘솟듯 터져 나온다. 그런 사람은 한평생 감사로 행복한 인생을 살고, 주변 사람들까지 '해피 바이러스'를 감염시킨다. 감사가 행복해지는 연습이라면 염려와 불평은 불행해지는 연습이다.

그러면 어떻게 감사의 삶을 살아갈 수 있을까?

어린 자식이 백혈병으로 죽어 가는 모습을 지켜봐야 하는 부모, 평생 고생만 하다가 암으로 고통당하는 아내의 모습을 지켜보는 남편, 장애를 가지고 태어나 이 병원 저 병원 전전했으나 결국은 평생 장애인으로 살아야 하는 아이를 바라보는 엄마, 수없이 이력서를 냈지만 일자리를 얻지 못한 청년, 사업을 시작해 보았지만 생활비는 고사하고 월세도 내기 힘든 아버지….

당신이 만약 이런 상황에 처했다면 감사할 수 있겠는가? 결코 쉽지 않을 것이다. 그러나 우리는 최악의 조건에서도 감사해야 한다. 살기 위해서, 다시 한 번 일어서기 위해서 감사해야 한다.

진정한 감사는 무조건적인 감사에서 시작된다. 하나님은 언제나 선하신 분임을 신뢰하고 내 인생의 모든 것이 하나님께로부터 온 것임을 인정할 때 무조건 감사할 수 있다.

이를 깨닫고 나면 감사하지 않을 게 없다. 감사한다고 해서 상황과 환경이 갑자기 달라지는 것은 아니다. 그러나 감사할 때 우리 자신이 바뀐다. 우리 마음이 풍요로워지며 행복한 인생의 문이 열린다.

만약 당신의 마음에 감사가 없다면 당신의 영혼은 병들어 있는 것이다. 건강하게 살고 싶다면, 인생을 행복하게 살고 싶다면 감사하라! 감사의 습관이 들 때까지 매일 모든 일에 감사를 선포하라. 물을 마실 때도 감사하라. 걸으면서도 감사하라. 숨을 쉬면서도 감사하라. 항상 감사하라! 쉬지 말고 감사하라! 범사에 감사하라!

감사기도문

사랑의 하나님!

그동안 열심히 기도하며 살아왔지만 어떤 상황에서도 기뻐하며

모든 일에 감사하라는 주님 말씀에 순종하지 못함으로

일상에서 평안이 쉽게 깨어진다는 것을 알게 하시니 감사합니다.

곰곰이 생각해 보니 제 삶 속에 감사할 것들이

너무나 많다는 것을 알게 되었습니다.

살아 있다는 것 그리고 하나님께서 저를 구원해 주셨을 뿐만 아니라

부족하고 연약한 저를 단련해 주셔서 여기까지 인도하여 주신 것,

감사에 감사를 올려 드립니다.

앞으로 어떤 일을 만날지라도 감사로 승리하게 하시고,

내 입에서 원망과 불평, 부정적인 말은 한 단어도 내뱉지 않도록

내 심령과 입술에 십자가를 세워 주시기를 바랍니다.

내 인생을 통해 주님만 찬양하며 감사하며

사랑하는 신부가 되도록 은혜를 베풀어 주옵소서.

우리를 사랑하시되 끝까지 사랑하시는

예수 그리스도의 이름으로 기도드립니다.

아멘.

Part 3

powerful

기도로 세상을 이기다

버릴 때 더해지는 놀라운 비밀

우리는 기도를 무언가 얻기 위한 수단으로 생각할 때가 많다. 그러나 하나님은 기도를 통해서 우리가 하나님을 더욱 알기를 원하시고 그분과 친밀한 관계가 되기를 원하신다. 그것은 억압과 종속적인 관계가 아니라 사랑과 신뢰를 기반으로 하나님의 뜻이 우리의 자원하는 마음을 통하여 이 땅에 실현되기를 바라시는 것이다.

하나님 아버지를 가장 깊이 아신 분은 예수님이시다. 예수님은 우리에게 가장 좋은 기도를 가르쳐 주셨는데 그것은 바로 주기도문이다.

> 하늘에 계신 우리 아버지여 이름이 거룩히 여김을 받으시오며 나라가 임하시오며 뜻이 하늘에서 이루어진 것같이 땅에서도 이루

어지이다(마 6:9-10).

기도를 통하여 우리 힘으로는 도저히 해결할 수 없는 문제들을 주님께 아뢸 때 하나님은 그 기도를 들어주신다. 그러나 곧바로 우리의 상황을 바꿔 주시는 것이 아니라는 사실을 경험적으로 깨닫게 되었다.

하나님은 먼저 우리 자신을 바꾸신다. 우리 내면의 고질적인 죄성과 세상적인 성향을 직시하게 하시고, 회개와 결단의 과정을 통하여 견고한 진을 깨뜨리신다. 때로는 내면의 쓴 뿌리를 용서와 사랑을 통해 치유하여 성결하고 정결한 도구로 새롭게 하셔서 하나님의 뜻이 우리를 통해 온전히 이루어지도록 인도하신다.

"빚의 십일조도 있나요?"

나는 결혼 초에 어려운 시간들을 보냈다. 오랜 기간 외국생활을 했던 나는 한국에서의 생활에 적응하는 것도 어려웠는데, 시댁은 보증을 잘못 서는 바람에 장남인 남편과 내가 그 모든 빚마저 떠안게 되었다. 결혼할 때 친정의 반대도 있어서 쉽게 친정에 손을 벌릴 수 있는 처지도 못 되었다. 우리 부부는 출발부터 빚을 떠안고 시작할 수밖에 없었다.

이런 집안 사정상 미국 유학에서 급히 돌아온 우리는 남편의 병원 개원을 위해 장소를 물색했다. 그때만 해도 외국에서 치아 교정을 전공한 전문의는 드문 시절이라 치과는 많았지만 교정 전문 치과라는 개념이 거의 없었다. 마음 같아선 더 화려한 번화가에 번듯하게 차리고 싶었지만 금전적으로 무리였다. 우리는 고심 끝에 송파구에 있는 허름한 상가를 얻어 사업을 시작했다.

개원은 했지만 한동안 환자 얼굴 보기가 쉽지 않았다. 우두커니 창밖을 내다보며 이제나저제나 기다리는 날이 더 많았다. 돈 한 푼이 아쉬운 상황이었지만 우리는 교정치과 전문병원이었기에 일반 진료를 위해 내원한 환자들을 돌려보내야 했으니 더더욱 그럴 수밖에 없었다.

이런 상황에서도 남편은 십일조를 했다. 가진 것은 빚밖에 없는데 빚에 대한 십일조를 뗀 것이다. 이제 막 남편의 전도로 교회를 나가기 시작한 나는 그런 남편을 이해할 수 없었다. 하루는 너무 화가 나서 남편에게 따지듯이 물었다.

"아니, 이렇게 빠듯한 형편에 무슨 십일조예요? 수입에 대한 십일조는 들어 봤어도 빚에 대한 십일조라뇨? 도대체 성경 어디에 그런 게 나와 있어요?"

"그런 건 없어. 그냥 하나님께 드리고 싶어 드리는 거야. 내 마음이 그래서…."

눈물을 보이진 않았지만 남편이 울컥하는 게 느껴졌다. 그런 남편의 모습을 보는데 이상하게도 언제 그랬냐는 듯 내 마음도 봄눈 녹듯 녹아내렸다. 하나님을 향한 남편의 진실한 마음이 내 마음을 움직였고, 남편이 저리도 끔찍하게 생각하는 하나님이 궁금해지기 시작했다.

'이 사람이 믿는 하나님이 얼마나 대단한 존재이기에 남편이 이런 희생을 치르면서까지 십일조를 드리는 것일까?'

그때까지만 해도 나는 초신자였고, 주일에 시어른들이 교회에서 기다리고 계시니 어쩔 수 없이 교회를 나가기 시작한 수준이었다. 성경을 제대로 읽어 본 적도 없고 하나님이 어떤 분인지, 기도가 무엇인지도 잘 모른 채 따라다니던 때였다.

하지만 남편의 진심을 읽은 후 웬만하면 남편에게 맞춰 주고 싶었다. 뭣도 모르고 수요예배, 금요철야예배는 물론 새벽예배도 따라가 앉아 있었다. 당시로선 사랑하는 남편을 위해 내가 해줄 수 있는 일이 그것밖에 없었기 때문이다.

그 시절 우리 부부를 지켜보던 지인을 얼마 전에 만났는데 과거를 회상하며 배꼽을 잡고 웃었다. 남편을 따라 금요철야예배에 가긴 했으나 아무것도 모른 채 멀뚱멀뚱 앉아 있던 나를 보다 못한 남편이 너무 답답해서 기도를 가르쳤는데, 손을 모으고 몸을 앞뒤로 흔들라고 했다는 것이다. 지인은 남편 흉내까지 내며 그때 일을 추억했다. 그날 옆에서 우리 부부의 모습을 보며 속으로 얼마나 웃었는지 모른다고….

"하나님은 참 놀라워요! 그때 정말 아무것도 모르던 언니가 목사님이 되다니요."

내가 생각해도 그렇다. 웬 은혜이고 사랑인지….

당시 나는 기도를 어떻게 하는지도 몰랐지만 남편은 당면한 문제를 붙잡고 간절히 기도했으리라. 졸지에 부모의 빚을 떠안았을 뿐 아니라 부모와 동생까지 부양해야만 했으니, 장남으로서 집안을 일으켜야 한다는 부담감이 만만치 않았을 것이다. 더구나 새 출발하는 가정의 가장으로서 병원 개원을 위해 또다시 빚을 지게 됐으니 그 어깨가 얼마나 무거웠을까. 혼자서는 해결할 수 없는 문제를 새벽마다, 또 하루 종일 빈 진료실에서 환자를 기다리며 수없이 하나님께 아뢰었을 것이다.

주님은 그런 남편의 기도를 들어 응답하셨다. 상황이 당장 바뀌진 않았지만 기도를 통해 우리 부부에게 평안을 주셨고 하나님께 더 가까이 나아가게 하셨다. 육신의 눈으로 볼 때는 빚을 진 마이너스 인생인 것 같지만 영적으로 봤을 때는 측량할 수 없는 하나님의 사랑을 받는 인생이었다. 그 사랑에 감사해서 뭐라도 드리고 싶은 마음에 빚의 십일조까지 드릴 수 있었던 것이다. 마침내 하나님은 남편의 기업을 통해 넘치는 물질의 축복도 허락하셨다.

예수님은 "너희가 내 안에 거하고 내 말이 너희 안에 거하면 무엇이든지 원하는 대로 구하라 그리하면 이루리라"(요 15:7)고 말씀하셨다. 우리가 하나님의 뜻에 부합하는 삶을 살면서 주님과 친밀한 관계 속에 있을 때 우리가 간구하는 것은 모두 응답된다는 것이다. 그렇다. 당신의 기도가 응답되길 원한다면 하나님의 뜻에 합당한 삶을 살고 있는지 점검하라. 그리고 지금 당신의 영적 상태가 하나님과 친밀한 관계인지도 점검하라.

성령을 구하라

> 그런즉 너희는 먼저 그의 나라와 그의 의를 구하라 그리하면 이 모든 것을 너희에게 더하시리라(마 6:33).

그렇다면 하나님의 뜻을 구하는 기도란 어떤 것일까? 하나님의 뜻을 구하는 기도는 한마디로 하나님의 나라와 그의 의를 구하는 기도다.

하나님의 나라란 살아 계신 하나님의 통치와 그분의 지배권 아래에 있는 영역을 말한다. 이를 좀 더 세부적으로 보면 시간적 · 공간적 의미로 나눌 수 있는데, 우선 공간적 의미로서의 하나님 나라는 성령을 통해 하나님의 통치와 지배를 받는 성도와 그 공동체를 가리킨다.

그의 나라를 구한다(추구한다)는 것은 내적으로는 구원받은 영혼이 내주하시는 성령으로 인하여 그리스도의 성품을 나타내고, 외적으로는 성령의 권능으로 말미암아 어둠 가운데 있는 영혼들을 구원함으로써 하나님의 나라를 확장시킨다는 것이다. 이는 전도와 선교의 개념으로 이해할 수 있다.

하나님의 나라는 또한 시간적인 관점에서 미래적 의미와 현재적 의미가 있다. 미래적 의미에서 볼 때 하나님의 나라는 성도들이 사후에 가게 될 천국을 의미하며, 예수님의 재림으로 도래할 나라를 뜻하기도 한다.

그뿐만 아니라 예수님은 현재적인 하나님 나라의 도래에 대해서도 언급하셨는데, 그것은 하나님의 생명인 성령이 우리 안에 오심으로 말미암아 우리를 통해서 시작되는 하나님의 통치와 역사 그리고 그분의 인도하심을 의미한다(눅 17:21).

정리하자면 성령이 우리에게 오심으로 말미암아 시작된 하나님의 역사로 내면적으로는 거룩함을 추구하고 외적으로는 생명을 살리고 영혼을 구원하는 일을 위해 사는 것이 하나님 나라를 추구하는 삶인 것이다. 그리고 이것을 위한 기도가 하나님의 뜻을 구하는 것이다. 그런 의미에서 하나님의 나라를 추구하는 것은 성령을 배제하고는 생각할 수 없다

> 구하라 그러면 너희에게 주실 것이요 찾으라 그러면 찾아낼 것이요 문을 두드리라 그러면 너희에게 열릴 것이니 구하는 이마다 받을 것이요 찾는 이는 찾아낼 것이요 두드리는 이에게는 열릴 것이니라… 너희가 악할지라도 좋은 것을 자식에게 줄 줄 알거든 하물며 너희 하늘 아버지께서 구하는 자에게 성령을 주시지 않겠느냐 하시니라(눅 11:9-10, 13).

하나님은 우리가 살아가는 데 필요한 것들을 구하고 찾는 것에 대해서 '언제나' 그리고 '반드시 그대로 응답해 주시겠다'고는 말씀하시지 않았다. 그러나 위의 말씀에 근거하면 성령을 구하고 하나님을 찾는 자들에게는 반드시 주신다고 약속하셨다.

우리가 구하는 필요가 우리 영혼에 유익한 것인지의 여부를 가장 잘 아시는 아버지 하나님께서 우리의 형편과 성향과 뜻에 따라 응답

하실 수도 있고 침묵하실 수도 있다. 하지만 하나님의 나라, 즉 하나님의 영이신 성령과 하나님 자신을 찾는 기도에 대해서는 '반드시 응답'하시겠다고 성경의 여러 곳에서 약속하셨다.

찾는 이에게 반드시 응답하시는 하나님

> 나를 사랑하는 자들이 나의 사랑을 입으며 나를 간절히 찾는 자가 나를 만날 것이니라(잠 8:17).

결혼할 때 어머니의 반대가 있었던 터라 아무리 힘들어도 친정에는 내색할 수 없었다. 그리고 하나님을 알게 되면서 친정에 복음을 전하기 위해서는 기독교 가정인 시집에서의 어려움을 발설해서는 안 될 것만 같았다. 왜냐하면 전도에 걸림돌이 될 것 같았기 때문이다. 당시엔 친정에 서운한 마음도 들었고 시집을 바라보면 어려움이 끝이 보이지 않았지만 지금 뒤돌아보면 모든 것이 다 하나님의 경륜이었음을 깨닫는다. 아마 그때 친정으로부터 쉽게 도움을 받았더라면 나는 간절히 하나님을 찾지 않았을 것이다.

남편뿐만 아니라 나도 생활전선에 뛰어들다 보니 서서히 몸도 마음도 지쳐 갔다. 남부럽지 않게 생활하던 내가 결혼하여 고생을 하니 신세가 처량해 보였다. 친정에 대한 분노와 삶의 회의가 몰려오자 급기야 우울증세가 나타났다.

하루는 아침에 눈을 떴는데 누가 내 몸을 바닥에 묶어 놓은 것처럼 일어날 수가 없었다. 마치 죽음의 영이 나를 엄습하는 느낌이었다.

'이러면 안 되지. 정신 차리자!'

가까스로 마음을 추슬러 일을 하다가도 저녁이 되면 울적하고 속상하니까 소위 말하는 '주(酒)님'을 가까이했다. 하루는 술에 취해 자동차 안에서 하나님께 따졌다.

"하나님, 살아 계시면 좀 나와 봐요! 지금 내 앞에 나와 보시라고요!"

생각해 보면 기도 아닌 기도를 그때 처음 한 것 같다. 그런데 그 후 이상한 일이 생겼다. 주일에 교회에 갔는데 강단에 선 목사님이 내 얘기를 하는 게 아닌가. 요셉이 누군지 알 턱이 없었지만 설교를 듣다 보니 내 처지와 너무 닮아 있었다. 형제들에게 배반당해 노예로 팔려 가고, 억울한 옥살이를 하는 이야기를 듣는데 왈칵 눈물이 쏟아졌다. 다음 주에도, 그다음 주에도 내 얘기는 이어졌다.

"당신 혹시 목사님한테 내 얘기했어?"

내가 다니던 교회는 수만 명이 모이는 대형 교회였다. 결혼식 때

주례를 위해 서신 목사님을 한 번 뵌 후로 가까이할 기회가 없었는데, 그런 목사님이 내 삶을 훤히 들여다보고 있다고 착각할 정도여서 몇 주 뒤 남편에게 물었다.

"갑자기 무슨 소리야? 목사님이 얼마나 바쁜데, 또 내가 당신 얘기할 시간이 어디 있어?"

순간 이런 생각이 들었다.

'아, 하나님이 살아 계시다고 하더니 정말 그런가 보다! 그렇지 않고서야 어떻게 시리즈로 내 얘기만 할 수 있겠어?'

그때부터 갈급한 마음이 생겼다. 나는 모든 예배를 사모하며 참석하기 시작했다. 주일예배는 물론이고 주중에는 집 근처 교회에 나가서 수요예배, 금요철야예배를 드렸고 그것도 성에 차지 않아 새벽기도회에 나가기 시작했다.

놀랍게도 예배 때마다 강단에 서신 목사님은 내 얘기를 했다. 그것도 다른 사람은 절대 모르는, 오직 나만 아는 얘기까지 나왔다. 한 달이 지나고, 또 한 달이 지나고… 몇 년을 그랬다.

계속해서 내 얘기가 나오니 한마디라도 놓칠세라 말씀에 온전히 집중하게 되었고 마치 스펀지처럼 목사님의 말씀을 빨아들였다. 한 말씀 한 말씀이 얼마나 은혜가 되는지 눈물이 마를 날이 없었다. 처음에는 소리 없이 눈물만 흘리다가 어느덧 흐느끼다가 급기야는 소리 내어 엉엉 통곡하며 울기까지 했다.

당시 내가 겉으로 보기에는 다 갖춘 것 같아 사람들은 내가 울며 기도할 이유가 없다고 생각한 것 같다. 어느 날 친분이 있던 권사님이 나지막한 목소리로 "신랑이 손찌검해?"라고 물었다. 그 말을 듣는 순간 놀라기도 했지만 나도 모르게 웃음이 터져 나왔다. 주께서 말씀으로 만져 주시니 눈물이 멈추질 않았고 나도 모르게 소리 내어 울다 보니 그런 오해도 받게 된 것이다.

나는 그렇게 예배 때마다 목사님의 말씀을 하나도 놓치지 않으려고 애썼다. 모든 말씀을 하나도 빠짐없이 아멘으로 받아들였다. 그럴수록 내 안에 형언할 수 없는 기쁨과 평안이 깃들었고, 뜨거워진 심령은 내 안에 치유와 은혜의 역사들을 일으켰다.

복음 외에는 아무것도 팔지 말라

이렇듯 내 삶에 은혜의 문이 열리니 이 놀라운 복음을 전하고 싶어졌다. 그러나 복음을 전할 때 좋은 일만 있는 것은 아니다. 어떤 때는 위협을 당한 적도 있었고, 험한 소리도 들었으며, 이상한 사람으로 오해받은 적도 있다. 신비한 것은 그래도 복음을 전하고자 하는 나의 열정만은 식지 않았다는 것이다.

하나님의 은혜를 체험하니 사도 바울의 고백처럼 '복음에 빚진 자'라는 마음으로 한 사람에게라도 더 복음을 전하려 했다. 복음 앞에서는 나는 어떻게 되든 상관이 없었다. 주머니 털어 가며 때로는, 아니 언제나 손해를 보면서 복음을 전했던 것 같다.

복음을 전하면서 자신의 이익도 챙기려는 사람도 간혹 있다. 예를 들어 사람들에게 물건을 팔면서 복음을 전하는 것이다. 나는 그것이 과연 가능할지 지금도 의문이다. 아무리 생각해도 그것은 하나님의 방법은 아닌 것 같다. 사도 바울도 자신의 모든 것을 배설물로 여기며 손수 텐트메이커가 되어 수고비도 받지 않고 복음을 전했다. 내 것 다 챙겨 가면서 복음을 전하는 것은 안 하는 것보다는 낫겠지만 반쪽짜리 복음밖에 전해지지 않는다고 생각한다. 어떻게 손해 보지 않고 온전한 복음을 전할 수 있겠는가.

내가 초신자 때의 일이다. 하루는 친척 중 한 사람에게 전화가 왔다. 그는 우리가 경제적으로 힘든 상황을 알고 있었고 도와주고 싶다며 담요 얘기를 꺼냈다. 나중에 알고 보니 다단계였는데, 순진한 나는 담요 하나만 팔면 엄청나게 큰돈이 들어온다는 말을 곧이곧대로 믿었다.

"정말 하나만 팔면 돼요?"

나는 그에게 재차 확인을 하고 전화를 끊었다. 생전 누구한테 아쉬운 소리 한 번 해 본 적 없는 나였지만 경제적으로 쪼들리니 그 얘기가 솔깃했다.

한동안 고민을 하다 용기를 내어 유학 시절 같이 공부하던 남편 선배의 부인에게 전화를 걸었다. 신호가 가고 드디어 수화기 저쪽에서 상대방의 목소리가 들리기 시작하는데 갑자기 한 음성이 내 가슴에서 울렸다.

"너는 복음 외에는 아무것도 팔지 마라."

깜짝 놀랐다. 너무도 분명하게 들려 두렵기까지 했다. 결국 나는 미리 연습까지 했던 담요 권유 멘트는 꺼내지도 못하고 그냥 안부만 묻고는 끊었다.

나는 당시 목사도 평신도 사역자도 아닌 그야말로 초신자였다. 그러나 그때 그 하나님의 음성은 나의 삶에서 그분을 경외하게 만드는 무게 있는 말씀이 되었다.

이 일이 있고 나서 얼마 지나지 않아 일본에서 친구가 찾아왔다. 그는 유명한 일본계 모 화장품 회사에서 한국 지사를 설립하려는데 책임자를 구한다고 했다. 내가 일본에서 오래 살았기에 일어도 능숙하고 영어도 조금 할 줄 아니까 적임자인 것 같다며 내 의중을 물었다. 그녀와 함께 동행한 미국인과 일본인 관계자도 내게 이것저것 물어보더니 마음에 드는 눈치였다. 그러나 나는 얼마 전에 들은 하나님의 그 음성을 무시할 수가 없었다.

'복음 외에는 아무것도 팔지 말라고 하셨는데….'

"왜 안 되는데?"

내가 거절 의사를 표하자 그 친구는 의아한 표정을 지으며 물었다. 하지만 믿지 않는 친구에게 차마 하나님이 하지 말라고 했다는 말을 할 수가 없었다.

"자세한 건 말할 수 없지만 그냥 안 된다는 것만 알아줘. 신경 써줘서 고맙고, 한편으론 미안하고 그러네."

아주 좋은 조건인데도 끝끝내 마다하는 나를 친구는 이상하게 생각하며 돌아갔다.

그 회사는 지금도 굉장히 성장하고 있다. 가끔 해당 브랜드를 볼 때면 '내가 한국 대표가 되었을 수도 있었는데…' 하는 생각이 들며 그때 일이 떠오른다.

지금 생각해 보면 그때부터 하나님께서는 초신자인 나를 당신의 종으로 만들기 위한 작업에 일찌감치 돌입하셨던 것 같다. 나는 하나님이 말씀하시면 순종했고, 베드로처럼 천국에 저축할 수 있는 영혼을 낚는 일에 매진하기 시작했다. 그 후 나는 항상 복음을 전하는 게 먼저였고 내 유익을 먼저 구하지 않았다.

먼저 그의 나라와 의를 구하라

하나님의 의란 하나님의 거룩한 본성으로서의 의를 가리키는 동시에 하나님께 속한 의로움에 근거해 죄인을 의롭다 칭하시는 '칭의'(justification)와 거룩하게 하시는 '성화'(sanctification)의 개념도 포함한 말이다.

그러므로 하나님의 의를 구한다는 것은 하나님과 관계 회복의 결과로 얻어지는 것으로, 이 땅에서 하나님의 의로움을 본받아 우리도 그런 삶을 살려는 결단인데, 이것은 우리의 노력으로 되는 것이 아니다. 하나님의 은혜로 부어지는 성령의 역사로 주님께서 그런 삶을 살게 해 주셔야 한다(롬 8:1-17).

하나님이 귀하게 여기시는 것들은 사랑, 기쁨, 평안, 인내, 친절함, 선함, 신실함, 온유, 절제와 같은 성품인데 이것은 성령의 열매로 나타나며, 이 세상에서뿐만 아니라 영원한 천국에까지 효험이 있는 귀한 것이다.

이에 반해 세상은 물질적 풍요와 힘, 명예와 성공 등을 추구한다. 이것 자체가 나쁜 것은 아니지만 이러한 것들은 우리의 영혼을 풍성하게도, 우리에게 영원한 생명을 줄 수도 없으며 오직 이 세상을 살 때만 유용하고 편리한 것들이다.

> 오직 성령의 열매는 사랑과 희락과 화평과 오래 참음과 자비와 양선과 충성과 온유와 절제니 이 같은 것을 금지할 법이 없느니라(갈 5:22-23).

하나님은 천국 시민이지만 아직은 이 땅에 살고 있는 성도들에게 하나님 나라의 가치인 "그의 나라와 의를 먼저 구하라"라고 말씀하신다. 여기에 쓰인 '먼저'라는 말은 우선순위의 문제다.

우리가 먼저 하나님 나라와 의를 구하는 삶을 산다는 것은 거듭난 자의 삶의 열매로서 내 인생의 주인이 예수 그리스도이시며 그분이 원하는 삶을 먼저 추구한다는 의지적 결단이기도 하다.

그렇다고 해서 하늘의 아버지이신 하나님은 우리가 세상을 살아가기 위한 필요를 결코 무시하는 분이 아니며, 오히려 하나님의 자녀가 세상에서도 형통하기를 원하신다.

> 사랑하는 자여 네 영혼이 잘됨같이 네가 범사에 잘되고 강건하기를 내가 간구하노라(요삼 1:2).

하나님은 목적이 있어서 자녀들에게 일시적으로 궁핍과 고난의 시간을 허락하기도 하신다. 사도 바울처럼 하나님의 은혜가 너무 커서 모든 것을 배설물로 여기며 청빈한 삶을 선택하는 주의 종들도 있지만, 하나님은 우리에게 영적인 복뿐 아니라 이 세상을 살아가기 위해 필요한 모든 것을 채워 주시는 아버지이시다.

그런 하나님 아버지가 여전히 먹을 것, 입을 것, 마실 것을 구하며 이 세상의 삶에 대한 염려와 근심에 빠져 있는 우리에게 '먼저 그의 나라와 의를 구할 때 그 외의 복도 더하시겠다는 약속'을 해 주신 것이다.

> 그러므로 염려하여 이르기를 무엇을 먹을까 무엇을 마실까 무엇을 입을까 하지 말라 이는 다 이방인들이 구하는 것이라 너희 하늘 아버지께서 이 모든 것이 너희에게 있어야 할 줄을 아시느니라 (마 6:31-32).

이러한 약속의 말씀을 받았는데도 우리가 먼저 하나님의 나라와 그 의를 구하지 못하는 이유는 무엇일까? 그것은 바로 염려와 근심 때문이다. 염려와 근심은 우리가 그의 나라와 의를 구하지 못하게 하는 가장 강력한 수단이자 방해 요소다.

염려와 근심은 무언가를 내 뜻대로 할 수 없을 때, 내 통제권 밖에 있을 때 생긴다. 하지만 실상은 하나님과 나의 관계가 인격적으로 불편하기 때문에 생기는 것이다. 하나님을 온전히 신뢰하지 못하기에 자꾸 내가 염려하는 것이다.

염려는 나 자신에게만 신경을 집중하게 만들어서 불신과 낙심을 반복케 하여 하나님으로부터 점점 멀어지게 만든다. 그러므로 어떤 일이 생기더라도 그 상황 가운데 계시는 하나님을 바라보라. 여호와 이레의 믿음을 가지고 감사하라.

> 너의 염려를 다 주께 맡기라 이는 그가 너희를 돌보심이라(벧전 5:7).

여기에 쓰인 '주께 맡기라'에 대응하는 영어 단어는 'cast'로 '던져 버리라'는 뜻이다. 우리를 엄습하는 염려와 근심을 우리는 토스하듯 주님께 던져 버려야 한다.

그리고 하나님께서는 나를 절대로 버리지 않으시는 분이며, 지금은 이해할 수 없을지라도 이 모든 상황 가운데 일하시며, 합력하여 선을 이루시는 분이라는 믿음을 굳건히 붙잡을 때 염려와 근심의 올무는 파쇄된다.

많은 성도가 인생의 여러 문제로 염려와 근심을 갖고 교회에 온다. 그들은 예배드리며 은혜를 받을 때는 새 힘을 얻는다. 그런데 예배를 마치고 교회 문을 나서는 순간 문 옆에 세워 둔 염려와 근심 보따리를 다시 챙겨 나간다. 염려하고 근심하는 것도 하나의 습관이다. 이 영적 습관을 끊어 버려야 주님의 약속이 우리 안에서 성취될 수 있다.

어쩌면 오늘이 우리 생애의 마지막이 될 수도 있다. 하나님이 아직 허락하시지도 않은 내일을 위해 우리가 염려할 필요가 없다. 세상에 속한 모든 것은 들풀과 같이 잠시 지나갈 뿐임을 기억하자. 태풍이 몰아치다가도 맑은 날이 오고, 추운 날이 있으면 더운 날도 있고, 화창한 날이 있으면 비오는 날도 있게 마련이다.

또 태어나서 죽을 때까지 행복하기만 한 사람은 단 한 명도 없고, 너무도 불행해 보이는 사람들도 그 안에 자그마한 행복의 뭉게구름이 있다. 유한한 세상의 것들 때문에 염려하며 전전긍긍하기보다는 하나님에 대한 신뢰와 감사의 선포로 초연한 자세를 가질 필요가 있다.

우리가 바라봐야 할 것은 영원한 하나님의 나라와 의이며, 그것을 우선순위에 놓고 살아갈 때 우리에게 놀라운 보너스를 주시겠다고 하나님은 약속하셨다.

이 모든 것을 더하시리라

주를 기쁘시게 할 것이 무엇인가 시험하여 보라(엡 5:10).

빚이 많아 10년 동안 빚 갚는 재미로 살았건만 나는 한 번도 하나님께 돈을 더 벌게 해 달라고, 빚을 빨리 갚게 해 달라고, 나아가 환자를 많이 보내 달라고 기도해 본 적이 없다. 다만 우리 병원을 통하여 하나님의 영광만이 드러나게 해 달라고 기도했을 뿐이다.

"너희는 먼저 그의 나라와 그의 의를 구하라"는 말씀을 믿고 당연하게 먼저 그분의 나라와 의를 구했을 뿐이다. "그리하면 이 모든 것을 더하시리라"는 말씀은 사실 처음에는 무슨 뜻인지 잘 몰랐고, 내가 이렇게 하면 하나님께서 더하실 것이라는 계산은 해 본 적도 없다.

그러나 지금 와서 뒤돌아보니 하나님께서는 우리가 당신의 말씀을 이행할 때 영락없이 보너스를 주셨던 것 같다. 그렇게 하심으로 그분의 살아 계심과 영광을 나타내시고 우리의 심령을 만족케 하셔서 더욱 하나님께 기쁨으로 헌신하게 하셨다.

하나님은 남편의 병원을 축복해 주셨다. 병원을 통해 여러 교회들이 세워지는 데 도움을 줄 수 있었고 많은 선교사를 후원할 수 있었다. 그 많던 빚도 생각했던 것보다 더 빨리 갚을 수 있었다.

그리고 무엇보다도 개원하면서부터 27년째 남편의 병원에서는 매일 아침 첫 시간을 예배로 드리고 있다. 직원들과 함께 우리 병원의 원장 되신 예수님을 경배하고, 믿지 않은 직원을 위해 기도하기를 한 시간씩 해 왔는데 그 시간들을 통해 많은 직원이 신실한 하나님의 사람으로 세워진 것에 감사한다.

한 가지만 더 나누고 싶다. 나는 신대원을 마치고 1년 동안 일본에 선교사로 나간 적이 있다. 선교단체나 교회의 파송을 받아서 간 것은 아니고, 하나님이 말씀하셔서 자비량으로 떠났다. 당시 내 생활비는 남편이 힘들게 벌어서 보내 주는 것이었기에 한 푼이라도 허투루 쓰지 않으려 애를 썼고, 가능하면 저축을 했다.

애초에 3년을 계획하고 떠났는데 예상치 않게 1년 만에 돌아오게 됐다. 통장에는 돈이 좀 남아 있었지만 언제 다시 가라는 사인이 올 줄 몰라 그냥 놔뒀다.

그런데 얼마 뒤 글로벌 금융위기가 오면서 엔화가 예상치 않게 폭등했다. 내가 일본에 나갔을 때와 비교하면 환율이 거의 두 배로 뛴 것이다. 나중에 계산해 보니 거기서 1년간 생활하며 쓴 돈을 하나님은 고스란히 갚아 주셨다. 이러한 하나님의 놀라운 더하심의 은혜는 일일이 열거할 수가 없을 정도다.

요즘 젊은 사람들 사이에서 '대박'이라는 단어가 감탄사처럼 쓰이는 것을 종종 듣는다. 정말로 우리가 먼저 주님의 나라와 의를 구하면 지금 당장은 아닐지라도 하나님의 때에 대박이 난다. 주님은 하늘의 기름진 복도 주시지만 땅의 풍성한 복도 주시는 분이다.

우리 부부를 보라. 우리는 빈손으로, 아니 '마이너스'로 시작했고 유산으로 빚밖에 받은 것이 없었지만 하나님께서 플러스 인생으로 바꾸셔서 베푸는 인생으로 축복하셨다. 이 모든 게 주의 은혜다.

내가 할 수 있는 것은 오직 감사와 기도, 두 손을 높이 들고 주께 찬양하는 것뿐임을 고백한다. 할렐루야!

하나님 나라와 의를 구하는 기도문

하늘에 계신 아버지!

예수 그리스도를 통해서 하나님 나라와 의가 이 땅에 성취되었듯이,

우리를 통해서도 실현되길 원하신다는 것을 알고 있습니다.

그러나 우리의 기도는 세상의 축복과 형통을 간구하고,

나의 필요를 구하는 기도로 가득 차 있습니다.

우리를 불쌍히 여기사 우리에게 새 영을 부어 주셔서

새 부대가 될 수 있도록 자비를 베풀어 주시길 간절히 원합니다.

어떤 상황과 형편에서도 하나님 나라와 당신의 의가 먼저 선포되는

우리의 삶이 될 수 있도록 도와주시고,

더하심의 은혜로 살아 계신 하나님이 영광받으실 수 있도록

우리에게 믿음을 더하여 주시옵소서.

당신의 뜻에 끝까지 순종하신 아름다우신

예수님 이름으로 기도합니다.

아멘.

하늘의 능력을 다운받다

감리교를 창시한 존 웨슬리는 목사가 된 뒤에도 구원의 확신이 없었다고 한다. 성경도 많이 읽고, 기도도 하고, 어려운 사람도 돕고, 게다가 금식까지 했음에도 그냥 열심히 종교생활만 한 것이다.

그는 당시 영국의 식민지였던 미국 조지아 주로 가서 이교도 선교도 해 보았지만 실패하고 영국으로 돌아오게 되었다. 영국으로 돌아오는 길에 배가 큰 풍랑을 만나자 사람들이 다 죽게 생겼다고 아우성치며 짐을 바다에 던졌다. 그런데 와중에 체코의 모라비안 교도들은 미동도 않고 평화롭게 찬양을 하는 것이 아닌가. 웨슬리는 그 모습에 감화를 받고 모라비안 교도들에게 관심을 갖게 되었다.

그러던 중 영국 런던 올더스게이트에서 가진 모라비안 교도들의 기도 모임에 참석했다가 인도자가 읽은 마틴 루터의《로마서 강해》 서문을 듣고 마음이 성령으로 뜨거워지는 것을 체험했다. 그 순간 존 웨슬리는 구원받으려면 오직 그리스도만을 신뢰해야 한다는 진리에 눈을 떴다. 그리고 그리스도가 죄와 사망과 율법에서 자신을 구원하셨음을 지식이 아니라 가슴속 뜨거운 성령으로 확신하게 되었다. 이것이 1738년 5월 24일 존 웨슬리에게 일어난 회심, 중생(거듭남)의 사건이다.

완전히 뒤바꾸시는 성령의 임재

뜨겁게 중생을 체험했지만 그렇다고 해서 그의 설교에 당장 불이 임한 것은 아니었다. 전도를 해도 회심의 역사가 일어나지 않았다. 그는 아직까지 뭔가 부족한 게 있다는 것을 느꼈다. 그래서 간절한 마음으로 하나님께 기도하기 시작했다.

"하나님, 저의 마음은 뜨겁고 구원의 확신도 가졌는데, 이것이 사람들에게 잘 전달되지 않습니다. 하나님, 제게 능력을 부어 주소서!"

그는 6개월 가까이 하나님의 능력을 간구했고, 마침내 1739년 1월 1일 성령 체험을 하게 되었다. 웨슬리는 그날 일기를 이렇게 기록했다.

"1739년 1월 1일 홀, 헛친, 임그림, 휫필드, 내 동생 찰스 등 약 60명의 형제들과 함께 페터레인에서 철야기도를 하고 있었다. 새벽 3시쯤 우리가 계속 기도하고 있는데, 하나님의 권능이 우리 위에 강하게 임했다. 모인 사람들은 격렬한 기쁨으로 인하여 부르짖었고, 대부분의 사람들이 땅에 엎드러졌다. 그렇게 하나님의 임재 앞에서 두려움과 놀라움으로 벌벌 떨다가 약간 회복되었을 때, 우리는 한목소리로 이렇게 외쳤다. '오 하나님! 우리가 '주님을 찬양합니다. 우리는 당신이 주님이심을 압니다!'"

새해 아침 온 영국이 술에 취해 있을 때, 이 60여 명의 형제는 런던의 좁은 골목인 페터레인에 모여 합심기도로 천국의 문을 두드리고 있었다. 새벽 3시가 되도록 그들은 깊이 기도했고 마침내 응답이 왔다. 드디어 성령이 오신 것이다! 마치 초대교회의 마가 다락방에 임하신 것처럼….

결국 페터레인의 성령 강림은 영국의 대각성운동의 발단이 되었고, 이러한 놀라운 성령의 역사는 영국 전역을 휩쓸었다. 주변의 술집들이 문을 닫기 시작했으며 영국은 산업혁명 이후 극도의 혼란 속에서도 다른 유럽 국가들과 달리 피를 흘리지 않는 조용한 영적 혁명을 이루어 냈다.

이후 웨슬리는 마음속에 불붙은 복음 전도에 대한 열정을 가지고 교회를 순회하면서 하루에 네다섯 차례 설교를 했고, 1년에 4000~5000마일가량을 말을 타고 다니면서 영국의 방방곡곡에서 부흥회를 열어 복음을 전했다.

그는 더 이상 부자들이 다니는 예배당에만 머무르지 않고 가난한 사람들이 사는 공장가와 빈민가, 공원, 거리, 시장 등 회중이 모일 수 있는 곳이면 어디든지 기쁨으로 달려가 "예수 그리스도의 보혈 외에는 거룩함(holiness)으로 가는 길이 없습니다!"라고 외치며 그리스도 안에서 성령과 피로 거듭나는 회심을 전했다.

사실 웨슬리가 체험한 일은 이미 성경에 기록되어 있다.

> 오순절 날이 이미 이르매 그들이 다 같이 한 곳에 모였더니 홀연히 하늘로부터 급하고 강한 바람 같은 소리가 있어 그들이 앉은 온 집에 가득하며 마치 불의 혀처럼 갈라지는 것들이 그들에게 보여 각 사람 위에 하나씩 임하여 있더니 그들이 다 성령의 충만함을 받고 성령이 말하게 하심을 따라 다른 언어들로 말하기를 시작하니라(행 2:1-4).

마가의 다락방에 모여 전심으로 기도하던 제자들에게 예수님께서 약속하신 성령이 급하고 강한 바람같이 임했다. 하나님께서 성령으로 임하신 것이다. 바람은 하나님의 강력한 임재였고 불의 혀는 하나님의 권능이 가시적으로 나타난 것이다. 마가 다락방에 있던 120명의 문도는 그들과 함께하시는 하나님을 느끼고 볼 수 있게 되었다.

그러자 예수님의 공생애 3년 동안이나 함께 생활했어도 확신이 없던 제자들이 드디어 문을 박차고 뛰어나갔다. 그들은 예루살렘에 있는 수많은 사람에게 예수님이 바로 부활하신 그 주님이라고 증거했으며, 이후 그들에게 가해진 투옥과 핍박에도 아랑곳하지 않고 담대히 복음을 전했다. 성령의 역사가 제자들을 완전히 뒤바꾸어 놓은 것이다.

> 오직 성령이 너희에게 임하시면 너희가 권능을 받고 예루살렘과 온 유대와 사마리아와 땅 끝까지 이르러 내 증인이 되리라 하시니라(행 1:8).

하나님의 초월적 역사, 성령의 능력세례

이 같은 성령의 역사는 일회적이며 뚜렷한 체험이 뒤따른다. 거듭남의 기도에서 다룬 성령의 기본 세례와 구별하기 위해 로이드 존스

(Lloyd Jones)은 이것을 성령의 '능력세례'라고 이름 붙였다. 이것은 내주하시는 성령의 역사와 달리 위로부터 능력을 주시는 성령으로 성경에서 'upon us'(임재하심)라는 단어로 자주 언급된다.

이 능력세례는 하나님의 초월적인 능력, 즉 권능이 위로부터 내려와 사람들에게 임하는 현상인데, 예수님이 세례 요한의 물세례를 받은 직후에 성령이 비둘기와 같이 그의 머리 위에 강림하신 것도 성령의 능력세례로 볼 수 있다.

능력세례의 목적은 잃어버린 영혼을 그리스도께 인도하기 위한 증인의 삶, 즉 복음 전파와 밀접한 관련이 있다. 능력세례가 임하면 담력과 능력이 생겨 두려움 없이 예수 그리스도를 전할 수 있게 된다. 그뿐만 아니라 영혼에 대한 하나님의 마음과 사랑이 부어지고 더불어 황홀한 기쁨으로 충만해진다.

능력세례의 체험을 통해 우리는 진정한 하나님의 사람으로 살 수 있는 능력을 갖게 되며 비로소 예수님의 증인으로서 참된 제자의 삶을 살게 된다.

하나님께서는 각 사람에게 소명에 따라 은사를 주셔서 하나님의 일을 감당하게 하시지만 권능이 없이는 많은 사람에게 영향을 미칠 수 없다. 이러한 이유로 예수님은 승천하시면서 땅 끝까지 복음을 전하고 제자를 양성하라는 지상 대명령을 주시는 동시에 예루살렘을 떠나지 말고 아버지께서 약속하신 것, 즉 성령의 능력세례를 받을 때까지 기다리라고 부탁하신 것이다(행 1:4-5).

이러한 특별한 사역을 수행하기 위한 목적으로 부어 주시는 성령의 능력세례는 오순절 사건 이후 2000년 교회사를 통하여 지속적으로 부어졌다. 이것은 놀라운 영적 부흥과 대각성운동과 같은 형태로 잠자는 영혼들을 깨우거나 잃어버린 영혼들을 주께 돌아오게 했다.

성령의 능력세례는 하나님의 초월적인 역사와 은혜로만 가능하다. 그러나 우리가 이 세례를 받기 원한다면 진정한 회개와 순전한 믿음을 가지고 자신을 포기하고 순종하며 열심히 기도로 나아가야 한다. 그렇게 할 때 하나님의 약속은 이루어지며, 오순절 마가 다락방의 120문도도 그렇게 기도했다.

성령의 권능과 기름부으심이 임하면 다양한 현상이 일어난다. 방언이 터지고 성령의 능력 아래 쓰러짐과 안식, 거룩한 웃음(holy laughter), 진동, 전기가 흐르는 것같이 감전된 현상, 몸에서 힘이 빠짐, 어지럼증, 춤과 노래 등의 현상이 나타난다.

사도 바울과 베드로, 대각성운동의 선두주자였던 찰스 피니, 드와이트 무디(Dwight. Moody), 현재 아프리카에 엄청난 영향을 끼치며 수십만 명을 주께로 인도하고 있는 복음 전도자 라인하르트 본케(Reinhard Bonnke)와 같은 전도자들의 놀라운 사역의 열매는 성령의 권능과 기름부으심이 아니고서는 설명할 수 없다.

최근 미국을 방문했을 때 라인하르트 본케 목사가 강사로 선 집회에 참석하게 됐다. 75세의 고령에다 영어에 강한 악센트가 있음에도 불구하고 그에게 부어 주신 성령의 권능과 기름부으심은 그날 수백 명의 미국 젊은이들이 복음 전도자로 헌신하게 하는 역사를 일으켰다. 그뿐이 아니었다. 그의 단순한 메시지를 듣는 많은 사람이 회개하고 자복하며 자신의 삶을 주께 드리는 놀라운 역사가 일어났다.

잃어버린 영혼을 찾아가다

나의 경우는 거듭나는 순간 성령의 능력세례도 함께 왔던 것 같다. 그 체험 이후 이상하게도 내가 만난 예수님을 전하거나 주님과의 교제에 대해 간증하면 사람들이 훌쩍거리며 울기 시작했다. 별 이야기도 아닌데 말이다.

또 하나, 잃어버린 영혼을 향한 애타는 마음에 복음을 전하지 않고는 견딜 수가 없었는데, 아마도 하나님의 마음이 나에게 부어진 것 같았다. 가족, 친지, 친구, 동창, 직장 동료, 가르치는 학생들, 아이 친구의 엄마들까지 어떻게 하면 그들에게 복음을 전할까 하는 생각밖에 없었다.

한번은 아이들 학교 엄마들과 모임이 있었다. 저녁 모임이었는데 모두 맥주 한 잔을 앞에 두고 이야기꽃을 피우고 있었다. 나는 맥주 대신 콜라를 앞에 두고 언제 예수님을 전하면 좋을지 마음속으로 성령님께 물으며 꿋꿋이 때를 기다렸다. 성령님의 지시가 떨어지기만을 기다리는 나는 흡사 첩보 영화의 첩보원이나 된 듯했다. 하나님 나라의 스파이라고나 할까. 드디어 이때다 싶은 사인을 받고 자연스럽게 최근 나의 심경 변화에 대해 말했다. 그리고 내가 만난 예수님을 전하기 시작했다. 그런데 성령님이 도와주시니 술잔을 앞에 둔 그들이 울기 시작하는 게 아닌가. 더구나 그중 몇 명이 교회에 나오기 시작했다. 할렐루야!

당시 나는 거의 모든 시간과 물질, 에너지를 복음 전파에 쏟았다고 해도 과언이 아니었다. 토요일은 전도 대상자와 함께 식사하는 날이 되다시피 했다. 극진한 대접이 필요해 보이는 사람은 집으로 초청해 도우미 아주머니를 섭외해서라도 맛있는 상을 차려 낼 정도로 마음을 다했다.

이것이 습관이 되었는지 목사가 된 뒤에도 성도들로부터 식사 대접을 받는 것이 영 익숙하지가 않다. 지금도 같이 식사하면 내가 계산해야 할 것만 같다.

그때는 지금보다 훨씬 바빴다. 아무도 오라는 사람은 없었지만 하나님이 지시한 스케줄로 꽉 짜여 있었다. 성령님이 복음을 전하라는 감동을 주시면 순종하여 그 사람을 만나러 갔다. 놀라운 사실은 그렇게 바쁜 나날을 보내면서도 영혼이 지치거나 메마를 새가 없이 늘 충만했다는 것이다.

복음을 전하려다 거절당하는 일도 부지기수였지만 희한하게도 상처받지 않았다. 전도 대상자가 전화해도 안 받고 문자해도 답이 없어도 포기하지 않고 연락하는 담대함과 여유도 생겼다. 이것이 결코 마르지 않는 성령의 생수의 힘이리라. 할 수만 있다면 그때의 충만함을 회복하고 싶을 정도로 지금보다 훨씬 더 역동적이고 기름부으심이 넘쳤다.

> 오직 여호와를 앙망하는 자는 새 힘을 얻으리니 독수리가 날개 치며 올라감 같을 것이요 달음박질하여도 곤비하지 아니하겠고 걸어가도 피곤하지 아니하리로다(사 40:31).

"교회 갑시다."
"하나님 믿으면 정말 좋아요."
"하나님은 살아 계세요!"

"예수님 믿으세요."

처음 영혼 구원에 대한 열정으로 전도하러 나갔을 때 정작 내가 할 수 있는 말은 이 정도밖에 안 되었다.

'뭔가 체계적으로 배우면 사람들에게 복음을 좀 더 잘 전할 수 있지 않을까?'

이런 고민을 하던 중 전도훈련 프로그램으로 '전도폭발'이 있다는 사실을 알았다.

"제자훈련 받으셨습니까?"

담당 목사님을 찾아가 전도훈련을 받고 싶다고 하자 대뜸 이렇게 되물었다. 당시 내가 다니던 교회는 대형 교회로서 훈련에도 여러 단계가 있었다. 제자훈련을 받아야 다음 단계인 사역훈련을 받을 수 있고, 사역훈련을 받아야 전도훈련을 받을 수 있었던 것이다.

"아니요."

"사역훈련 받으셨나요?"

"아니요."

"순장님인가요?"

"아니요."

"그럼 죄송하지만 이 훈련은 받을 수 없습니다. 다른 것부터 먼저 받고 오시죠."

하는 수 없이 돌아서긴 했지만 아무리 생각해도 이건 아니다 싶었다.

"목사님! 제가 지금 사람들만 보면 전도하고 싶어 견딜 수가 없는데 훈련 단계가 무슨 의미가 있나요? 교회가 저 같은 사람을 도와줘야 하는 것 아닌가요? 딴것도 아니고 전도 좀 잘해 보겠다는 건데 왜 안 된다고 하는지 이해가 안 되네요."

너무 속상해서 눈물이 날 지경이었다. 담당 목사님도 당황했는지 고민하더니 결국 훈련을 허락했다(이후 담당 목사님은 나를 관심 있게 지켜봐 주었고, 전도 보고를 하는 자리에 간증자로 자주 세워 주었다).

전도훈련이 시작된 첫날의 설교를 나는 아직도 기억한다. 미국의 유명한 전도자의 이야기였는데, 하루는 그가 필라델피아역 앞에서 엉엉 울고 있었다고 한다. 사람들이 왜 우냐고 묻자 그는 "이 많은 사람이 역으로 들어가는 모습이 마치 지옥으로 떨어지는 것처럼 보인다. 그래서 너무 가슴이 아파 이렇게 눈물을 흘린다"라고 대답했단다.

'어쩜, 나도 그렇게 보이는데….'

그 말씀을 들으면서 나도 덩달아 엉엉 울었다. 당시 나는 소위 말하는 '불'을 받은 상태였다. 전도 나가면 많은 역사가 일어났다. 그래서 나와 함께 전도해 본 사람들은 내가 전도하러 간다고 하면 김밥을 준비해서 따라나섰다.

그러던 중 IMF 외환 위기가 한국을 뒤덮었다. 하루아침에 실직자가 된 가장들이 차마 집에다 말도 못하고 아침이면 출근하는 척하고 나와서 거리를 헤매는 일이 많았다. 하나님께서는 우리를 서울역으로 인도하셨고 그곳이 황금어장이라는 감동을 주셨다.

우리는 매주 김밥을 싸 들고 서울역으로 나가 복음을 전했다. 결코 적지 않은 양의 김밥을 준비했지만 동행한 이들은 전혀 힘든 기색이 없었다. 오히려 하나님께서 오늘은 어떤 일을 하실까 기대에 부풀었다.

하루는 한쪽에 널브러져서 소주를 마시는 사람이 눈에 띄었다. 나는 그의 옆에 쪼그리고 앉아서 김밥을 건네며 내가 만난 하나님을 전하기 시작했다. 나는 냄새에 매우 예민한 편이라 잘 씻지 않는 사람이 내는 냄새를 견디지 못하는데, 이상하게도 그날은 아무렇지도 않았다. 심지어 그 사람의 손까지 잡고 하나님이 당신을 얼마나 사랑하는지 모른다고 말했다. 한참 복음을 전하는데 갑자기 그 사람이 들고 마시던 소주병을 탁하고 내려놓았다.

'왜 그러지? 화났나? 나를 때릴 기세인데….'

순간 움찔하는데 눈앞에서 기적 같은 일이 벌어졌다.

"내가 바로 예수님이 필요한 사람이에요. 내가 어제까지만 해도 번듯한 회사에 다녔고, 나에겐 가족이 있는데 으흐흑…."

그 사람이 무릎을 꿇고 울면서 이렇게 말하는 게 아닌가. 그날 그는 예수님을 영접했다. 우리는 주일이면 교회 앞에서 전도한 사람들을 만나 함께 예배를 드렸다. 정말 꿈만 같았다.

즉각 순종하라

물론 실패한 적도 있다. 지금도 그때를 생각하면 가슴이 먹먹해지고 하나님께 죄송한 마음이 든다.

10년 전 미국에 유학 중인 아이들을 돌보느라 2년간 남편과 떨어져 생활할 때였다. 옆집에 30대 중반쯤 되어 보이는 백인 남자가 혼자 살고 있었다. 남편 없이 아이들과 생활하고 있으니 나를 싱글맘으로 오해했는지 어쩌다 문 앞에서 마주치면 그는 내게 친근하게 대했다. 그는 새집에 이사 온 것을 기뻐했지만 왠지 무척 외로워 보였고 그래서 나도 갈비 같은 요리를 하면 복음을 전할 기회를 엿보며 나눠 먹곤 했다.

그는 자신이 영화사에서 스턴트맨으로 일한다고 했다. 우리가 살던 곳이 마침 할리우드 근처여서 그런 줄로만 알았다. 그런데 좀 더 친해지고 나서 보니 미국 정보기관에서 근무하는 사람이었다. 그 사실을 알고 나니 잘못한 것도 없는데 괜스레 겁이 나고 조심스러워졌다.

그뿐이 아니었다. 복음을 전해야 하는데 영어로 말하다가 혹시라도 실수할까 봐 쉽게 말을 꺼내지 못했다. 괜한 자존심에 시간만 보냈다.

그러던 어느 날 두어 달 만에 출장에서 돌아온 옆집 남자가 심상치 않아 보였다. 눈이 퀭한 게 어디 아픈 사람 같았다. 며칠 후 주일예배를 마치고 아이들과 늦게 집에 돌아오는데 집 근처에 경찰차가 늘어서 있고 한 경찰관이 내 차를 제지했다. 무슨 일이 터진 게 분명했다. 알고 보니 이웃집 남자가 전날 밤 주차장에서 자동차 엔진을 켜 놓고 자살을 했다는 것이다. 불과 몇 미터 밖에서 그런 일이 있었는데도 나는 까맣게 모르고 있었다니 억장이 무너졌다. 더군다나 나는 그 시각에 주차장 바로 옆에 있는 거실에서 시간을 보내고 있었다.

하나님이 감동을 주셨는데도 내가 순종하지 않아 한 영혼을 놓치고 말았다. 나는 한동안 그 일로 인해 회한과 안타까움의 시간을 보내야 했다.

지금 우리 주변에도 이런 사람들이 있을지 모른다. 죽음을 생각하는 사람, 혹은 오늘이 마지막인 사람들이 있을지도 모른다. 전도훈련을 받지 않아서, 말을 잘 못해서 전도 못한다고 하지 말자. 증인은 자기가 보고 들은 것을 말하면 된다. 내가 만난 예수님, 내가 받은 하나님의 은혜를 나누는 것만으로도 족하다. 이웃에게 관심을 갖고 복음을 전하라!

날마다 구하는 기름부으심

우리가 성령의 권능을 받고 예수 그리스도의 증인으로서 살아가려면 반드시 성령의 기름부으심이 필요하다. 이는 앞에서 말한 성령의 능력세례의 결과로 주어지며 반복적으로 일어난다. 그러므로 우리는 매일 성령의 기름부으심을 구해야 한다.

많은 사람이 성령의 기름부으심을 구하는 기도와 간구를 하지만 사실 기름부으심은 복음 전파에 대한 거룩한 부담을 느낄 때 임한다. 그러므로 사도행전에 등장하는 빌립과 같이 기름부으심이 임하면 잃어버린 영혼을 찾아가야 하고 병든 자를 위해 기도하는 순종과 수고가 뒤따라야 된다.

내가 성령의 능력세례를 받고 전도에 열심을 내던 시절 친구의 부탁으로 말기 암 환자를 만난 적이 있다. 이름만 대면 알 수 있는 대형병원의 정형외과 과장으로 40대 초반의 젊은 의사였다. 그는 이미 죽음을 받아들이고 자신의 삶을 정리하고 있었다. 그런 그에게 내가 해줄 수 있는 말이 무엇이 있겠는가. 역시 내가 만난 예수님을 전하는 것밖에 없었다.

기름부으심이 임하면 미사여구가 필요 없다. 그저 내가 만난 주님을 전했을 뿐인데 그는 눈물을 흘리며 그 자리에서 예수님을 영접했고 다음 날부터 새벽기도를 함께하기로 했다. 나는 정말 간절히 그의 치유를 위해 기도했다.

"하나님, 이분을 치유해 주세요. 이제 그의 나이 마흔밖에 안 됐는데 살려 주시면 하나님 나라를 위해 정말 귀하게 쓰임 받지 않겠습니까."

그때 나는 처음으로 치유의 은사를 구했다. 초대교회 때는 바울의 손수건만 갖다 대도, 베드로의 그림자만 지나가도 병이 나았다는데 내가 안수할 때 그도 낫게 해 달라고 눈물로 간구했다. 열심히 기도했지만 나에게 은사는 나타나지 않았고 안타깝게도 그는 한 달 만에 세상을 떠나고 말았다.

그로부터 얼마 뒤, 가끔 들르는 동네 미용실에서 머리를 만지고 있는데 내 머리를 만지는 미용사를 위해 기도해 주라는 감동이 왔다.

"제가 기도해 드려도 될까요?"

감동이 오면 바로바로 순종하던 때라 이렇게 물었다. 미용사도 좋다고 해서 그녀의 몸에 살짝 손을 대고 기도했다. 그런데 사흘 뒤 전화가 왔다.

"제가 2년 동안 병원에 다녀도 안 낫던 방광염이 나았어요!"

그녀는 그날 내 기도를 받은 후 완전히 나았다며 수화기 너머로 울먹거리며 말했다. 이 소식에 가장 놀란 사람은 다름 아닌 나 자신이었다.

우리가 하나님의 음성을 잘 듣지 못한다 할지라도, 은사가 많지 않아도, 그분의 말씀에 순종하는 삶을 살면 성령의 기름부으심이 임한다. 완전한 자아 포기가 있을 때도 기름부으심이 임한다. 결국 성령의 기름부으심은 자신의 삶을 성령님께 얼마나 맡기는가에 달려 있다고 볼 수 있다.

또한 기름부으심을 위하여 어떤 장애물이라도 기꺼이 뛰어넘을 준비가 되어 있을 때 엘리사에게 임했던 강력한 기름부으심이 임하는 것을 본다. 엘리사는 그의 스승 엘리야가 하늘로 들려 올라갈 때까지 그를 떠나지 않았다. 엘리야가 만류했음에도 엘리사는 길갈에서 출발해 벧엘을 거쳐 여리고, 요단에 이르기까지 끝까지 함께했다. 그리고 "스승님이 가지고 계신 능력을 제가 갑절로 받기를 바랍니다"(왕하 2:9)라고 구한 대로 강력한 기름부으심을 받아 엘리야의 뒤를 잇는 위대한 선지자가 되었다.

성령의 기름부으심은 공예배 가운데 우리가 모든 것을 비우고 주님을 갈망할 때 부어지기도 한다. 아울러 우리가 고요히 기도의 골방에서 주님을 찾으며 그분의 음성을 구할 때 그리고 주 안에서 안식할 때 부어지기도 한다.

기름부으심의 비밀 중 하나는 더 많이 흘려보낼수록 더 많이 부어 주신다는 것이다. 많은 사람이 영적인 욕심 때문에 기름부음 받기만을 원하며 간구하거나 안수기도 받는데, 사실은 자기 안에 있는 작은 것이라도 주님의 말씀에 순종하여 흘려보낼 때 기름부으심이 배가된다.

또 가득 채우고 나서야 나눠 주겠다는 생각도 옳지 않다. 고인 물이 썩듯이 고인 기름도 신선하지 않다. 우리는 항상 자신이 성령의 기름부으심을 운반하는 통로라는 사실을 잊지 말아야 한다.

권능을 얻는 기도문

전능하신 하나님!

제가 주님을 사랑하고 저의 인생을 당신에게 드린 것을

주님은 아십니다.

저의 소원은 하나님의 영광을 위해 사는 것입니다.

그러나 저에게는 믿음도 능력도 담대함도 부족합니다.

주님의 제자의 사명을 감당하고 싶은데 늘 연약하여 쓰러지고

다른 사람에게 선한 영향을 끼치는 삶을 살지 못하고 있습니다.

마가의 다락방에서 제자들이 모여 기도했을 때

성령의 능력세례를 받아 세상이 감당하지 못할 사람들로

거듭난 것처럼, 저에게도 성령의 능력세례를 허락하여 주셔서

잃어버린 영혼들을 주께 인도하고 하나님의 자녀들을 치유하고

회복시키는 일을 감당하기에 부족함이 없는 종이 되도록

기름부어 주시길 간절히 소원합니다.

능력의 주 예수 그리스도의 이름으로 기도합니다.

아멘.

기도와 간구를 영적 세계로 쏘아 올리다

다윗은 그의 아들 압살롬을 피해 도망닐 때 이런 시를 지어 하나님께 고백했다.

> 내가 나의 목소리로 여호와께 부르짖으니 그의 성산에서 응답하시는도다 (셀라) 내가 누워 자고 깨었으니 여호와께서 나를 붙드심이로다 천만인이 나를 에워싸 진 친다 하여도 나는 두려워하지 아니하리이다(시 3:4-6).

한번 생각해 보라. 다른 사람도 아닌 사랑하는 아들의 반역으로 쫓기는 신세가 되었으니 다윗이 얼마나 기가 막혔겠는가. 창피하면서도 한편으로는 아들이기에 적으로만 내몰 수 없는 착잡한 심정이었을 것이다. "하나님을 믿는다는 사람의 집안 꼴 좀 봐라" 하는 조롱이 빗발쳤을 것이다. 사무엘하 16장에는 실제로 사울의 친족 중 한 사람인 시므이가 도망가는 다윗 일행에게 돌을 던지며 저주하는 장면이 나온다. 그때 다윗은 하나님께 부르짖었다. 기막히고 절박한 상황을 하나님께 아뢰었다.

> 여호와여 나의 대적이 어찌 그리 많은지요 일어나 나를 치는 자가 많으니이다 많은 사람이 나를 대적하여 말하기를 그는 하나님께 구원을 받지 못한다 하나이다(시 3:1-2).

원망될 때 부르짖으라

천하의 다윗도 부지불식간에 당한 일 앞에서는 두려웠을 것이다. 그러나 그는 상황에 압도당한 채 있지 않았다. 마음은 눌릴 대로 눌렸지만 얍복 강가의 야곱처럼 천사와 밤새도록 씨름하며 기도했을 것이다. 마침내 그 부르짖는 기도의 응답으로 두려움은 걷히고, "천만인이 나를 에워싸 진 친다 하여도 나는 두려워하지 아니하리이다"(시

3:6)라는 엄청난 고백을 하기에 이른다.

천만 인은 적군의 숫자일 것이다. 골리앗을 물맷돌로 쳐 죽이고, 양을 물어 간 사자와 대항해 싸운 다윗이라도 천만 명의 적군이 자신을 에워싸는데 어떻게 두렵지 않을 수 있겠는가. 그럼에도 다윗이 이런 고백을 한 것을 보면 그 밤에 하나님의 임재가 다윗에게 얼마나 충만했을지 가히 상상하기도 어렵다.

성경을 보면 다윗만큼 부르짖는 기도를 많이 한 사람도 없는 것 같다. 하나님의 마음에 합한 자라는 별명을 가진 그는 시편 곳곳에서 "내가 주께 부르짖었더니 응답하셨다"고 노래한다. 이처럼 다윗은 기도하는 왕이었지만 각양 은사도 충만했다.

자신의 문제와 마음의 짐을 부르짖어 기도함으로 하나님께 맡기는 사람은 처한 상황이 가져다주는 근심과 염려, 그리고 두려움을 극복할 수 있다. 세상 모든 사람이 두려워할지라도 두려움에 짓눌리지 않게 된다. 하늘이 무너지는 기막힌 상황에서도 부르짖는 기도를 하면 두려움과 근심의 장벽을 뚫고 주님이 임재하시는 장막에 설 수 있기에 다윗처럼 담대하고 강건한 고백을 할 수 있게 된다.

이렇게 큰 소리를 내어 기도하며 나아갈 때 영혼의 부르짖음을 통해 우리의 영혼은 깨어나고 두려움과 죄, 어두움에서 벗어나게 된다. 사실 영혼이 깨어 있지 않으면 우리는 하나님의 존재와 그분이 우리에게 베풀어 주신 은혜를 곧 잊어버리고 만다. 그러면 하나님을 바라보지 못하고 기억하지 못하므로 사소한 일에도 근심하고 인생의 무거운 짐에도 짓눌려 근심하고 또 근심하게 된다. 그들은 하나님께 부르짖는 것을 잊어버렸기에 하소연할 사람을 찾아다니기에 여념이 없다.

> 온 회중이 소리를 높여 부르짖으며 백성이 밤새도록 통곡하였더라 이스라엘 자손이 다 모세와 아론을 원망하며 온 회중이 그들에게 이르되 우리가 애굽 땅에서 죽었거나 이 광야에서 죽었으면 좋았을 것을 어찌하여 여호와가 우리를 그 땅으로 인도하여 칼에 쓰러지게 하려 하는가 우리 처자가 사로잡히리니 애굽으로 돌아가는 것이 낫지 아니하랴(민 14:1-3).

가나안 땅을 40일 동안 정탐하고 돌아온 정탐꾼들의 보고를 들은 이스라엘 백성은 소리 높여 부르짖으며 밤새도록 통곡했다. 그들은 분명 부르짖기는 했지만 그것은 원망과 분노의 부르짖음이었다.

출애굽 사건과 40년간의 광야 생활을 통해서 하나님의 놀라운 기적을 체험했지만 그들은 며칠만 주려도 하나님의 은혜를 깡그리 잊어버리고 바로 불평과 원망을 쏟아 냈다. 이것은 곧 우리의 모습이기도 하다.

이스라엘의 역사가 증명하듯 같은 부르짖는 기도라도 하나님을 신뢰하는 마음과 회개의 마음이 담기지 않는 기도, 불평과 원망으로 하는 부르짖음에는 결코 하나님의 역사가 나타나지 않는다.

부르짖어 기도할 수 없을 때

마음이 여리고 약해서 상처를 잘 받는 목사님이 있었다. 그분은 목회 현장에서 성도들과의 관계에서 여러 어려움을 겪었고, 급기야 병까지 얻어 더 이상 목회를 할 수 없게 되었다. 그러자 사모님이 한마디 했단다.

"당신은 어떻게 하나님의 말씀은 열심히 듣지 않으면서 성도들이 한 말은 그리도 잘 받아들여요?"

그 순간 목사님은 눈이 번쩍 뜨였고 자신의 문제를 직시할 수 있게 되었다.

우리가 기도하지 못하는 가장 큰 이유는 너무나 연약한 자신과 변화무쌍한 환경만을 바라보며 묵상하기 때문이다. 진정 역사를 일으킬 수 있는 능력의 하나님을 바라보지 못하기에 용기 내어 부르짖어 기도하지 못하는 것이다.

이렇게 부르짖어 기도하지 못할 때는 먼저 하나님의 말씀을 의지적으로 붙들어 우리의 생각을 바꿔야 한다. 이때 효과적인 기도가 감사기도다. 그러나 평소에 감사할 줄 모르는 사람이 어느 날 갑자기 감사 모드로 바뀌기란 여간 힘든 게 아니다. 그러므로 우리는 평상시에 감사의 습관을 들여야 한다.

그리고 또 하나 권하고 싶은 기도는 호흡기도다. 충격과 원망, 두려움으로 가득한 사람은 기도하고 싶어도 기도할 수 없다. 때로는 가슴이 먹먹하고 답답해도 눈물이 나지 않는다.

짜증내고 불평하고 원망하는 사람 곁에 있었더니 어느덧 나까지 가슴이 답답해지는 경험을 한 적이 있는가? 특히 예민한 사람은 두통을 앓거나 속이 안 좋아지기도 한다. 분노에 가득 찬 사람의 입김을 모아 쥐에게 마시게 했더니 몇 시간 안 되어 죽었다는 연구 결과도 있다.

이럴 때는 조용히 눈을 감고 나를 지으신 하나님, 그의 영을 불어넣으신 하나님을 의식하며 천천히 숨을 들이쉬고 내쉬는 호흡기도를 해 보라. 하나님께서 태초에 천하 만물을 창조하신 뒤 마지막으로 코에 생기를 불어넣어서 우리 인간을 창조하셨다. 이처럼 우리의 생명은 호흡에 있고 호흡은 우리가 창조주 하나님과 만나는 접촉점이라고 할 수 있다.

성경은 영을 기체와 바람으로 종종 묘사하곤 한다. 신약의 예수님도 부활 후 제자들을 찾아와 성령을 부어 주실 때 자신의 호흡을 사용하셨다.

> 이 말씀을 하시고 그들을 향하사 숨을 내쉬며 이르시되 성령을 받으라(요 20:22).

호흡을 통해 내 안의 근심과 염려, 두려움, 부정적인 생각과 감정들을 내보내고 하나님의 영을 들이마시면 마음의 눌림이 사라지면서 기도할 수 있게 된다. 이것은 기체조나 단전호흡처럼 세상의 영을 마시는 것이 아니다.

호흡을 통해 우리를 창조하신 하나님의 영, 우리를 위해 죽으시고 부활하신 예수 그리스도의 영 그리고 하나님의 성령을 의식하면서 마시기 시작하면 호흡은 다시 강하고 활기차고 막힘이 없게 된다. 이런 상태가 될 때 우리는 하나님의 임재 가운데서 발성기도와 부르짖는 기도, 묵상기도까지도 제대로 할 수 있게 된다.

한편 몸과 마음이 피곤하면 기도가 잘 안 되고, 기도하다가도 잠이 들기 일쑤다. 이런 상태가 지속되면 더욱 기도하기 힘들어지는데, 이럴 때는 호흡기도를 통해 주님 안에서 안식하고 쉼을 얻은 뒤에 기도하면 좋다.

한 가지 염두에 두어야 할 것은, 부르짖음에도 수준이 제각각이라는 점이다. 간혹 새벽기도회나 철야기도회에서 부르짖는 소리가 매우 거칠고 요란하여 거부감이 드는 기도를 하는 사람이 있다. 이는 그 사람 안의 정화되지 않은 어두운 기운이 흘러나오기 때문이다.

반면, 훈련되고 내면이 정화된 사람의 기도 소리는 아무리 큰 소리라도 듣기에 아름다우며 듣는 이들에게 감동과 영감을 준다. 그의 부르짖는 소리 가운데 하늘의 영광이 임하며 권능과 생명력이 충만하게 흘러나오기 때문이다.

누구나 처음부터 완전한 기도를 드릴 수는 없다. 비록 듣기 거북한 기도 소리를 들을 때라도 정죄하지 말고 그 영혼을 위해 중보하는 마음이 중요하다. 또 자신의 목소리가 거칠고 요란스러워 다른 사람의 기도에 방해가 된다면 부르짖는 기도를 일시적으로 절제하고 침묵기도와 찬양을 부르는 것도 좋은 방법이다. 하지만 이런 현상은 하나의 과정이기에 지속적으로 부르짖는 기도를 시도해야 한다.

소리를 질러야만 하나님이 들으실까?

사역을 하다 보면 종종 부르짖는 기도에 대해 거부감을 드러내는 성도들을 만난다. 왜 꼭 소리를 질러야만 하느냐며 하나님은 우리의 신음소리까지도 다 듣는 분이 아니냐고 반문한다. 맞는 말이다. 하나님은 우리를 너무나 사랑하셔서 우리의 신음소리까지도 들으시고 응답하신다. 그뿐만 아니라 조용히 침묵하며 드리는 기도도 들으신다.

그런데 만약 자녀가 어렵고 위중한 상황에 처해 있음에도 침묵으로 일관하고 신음소리만 내고 있다면 그런 자녀를 보는 부모의 마음은 어떨까? 다급하고 위험할 때 우리는 소리를 내어 도움을 청해야 한다. 집에 도둑이 들었다면 소리를 질러 부모를 깨워야 하지 않겠는가.

부르짖는 기도는 영적 전쟁에 효과적이다. 우리가 신음소리만 낼 정도로 짓눌리고 병약해졌을 때 우리 영혼의 묶임을 파쇄하여 강건하고 담대하게 해 준다.

어느 권사님은 하루에 두세 시간씩 기도하지만 목소리가 크게 나오지 않아 부르짖는 기도나 대적기도를 할 수 없었다고 했다. 그래서 내가 무슨 기도를 하느냐고 물었더니 주로 남편과 자식들을 위해 축복하고 간구한다고 했다. 그런데 문제는 그녀가 종종 두려움에 사로잡히면 몇 달씩 기도도 제대로 못한다는 것이었다. 그뿐만 아니라 이상한 언행을 보이기도 해서 주위 사람들이 고개를 갸우뚱거릴 정도였다.

"권사님, 이제는 두려움의 존재를 직면해야 합니다. 힘들어도 소리를 내어 부르짖는 기도를 해 보세요. 대적기도를 해 보세요.”

하루는 내게 상담을 요청해 왔기에 이렇게 권면했다. 그로부터 며칠 뒤 그녀에게 전화가 왔다.

“목사님, 말씀대로 해 봤는데요, 제가 대적기도를 못하고 부르짖는 기도를 하지 못하도록 제 목을 뭔가가 잡고 있는 게 느껴졌어요.”

권사님은 부르짖는 기도를 하느냐 마느냐가 단순히 개인의 성향의 문제가 아니라 영적인 문제라는 사실을 깨닫고 그날부터 일부러 더 부르짖고 대적하는 기도를 하려고 애썼다. 이후 자주 엄습하는 두려움도 사라졌고 가족들의 축복에만 연연하던 기도에서 주님의 나라와 의를 구하는 귀한 중보자가 되었다.

> 너는 내게 부르짖으라 내가 네게 응답하겠고 네가 알지 못하는 크고 은밀한 일을 네게 보이리라(렘 33:3).

부르짖는 기도는 우리의 기도를 영적인 세계로 쏘아 올리는 로켓과도 같아서 우리가 근심과 염려, 두려움에 갇혀 주님과의 관계가 막혀 있을 때 이러한 막힘을 파쇄하여 우리의 기도와 간구를 하나님의 보좌로 도달하게 해 준다.

그렇다. 하나님이 귀가 어두워서 우리에게 부르짖어 기도하라고 말씀하신 것이 아니다. 부르짖는 기도는 우리로 하여금 하나님의 영광을 보게 한다. 하나님은 우리의 부르짖는 기도를 들으시고 하늘의 축복의 문을 열어 주심으로 우리 영혼에 유익을 주신다.

부르짖을 때 들으리라

성경 속 인물들의 기도는 대부분 소리를 높여 열정적으로 드린 기도였다. 구약에서 '부르짖는다' 또는 '소리 내어 기도한다'라는 뜻의 단어들이 있으면 대부분 하나님이 들으시겠다는 약속의 말씀이 뒤따른다. 또 부르짖는 순간이 일대 전환점이 되어 클라이맥스로 이어지는 경우가 많다. 몇 구절을 살펴보자.

1. qara(카라) : 보통 큰 소리로 외치거나 부르짖는다는 뜻

> 너는 내게 부르짖으라 내가 네게 응답하겠고 네가 알지 못하는 크고 은밀한 일을 네게 보이리라(렘 33:3).

> 환난 날에 나를 부르라 내가 너를 건지리니 네가 나를 영화롭게

하리로다(시 50:15).

2. shava(샤바) : 목청을 높여 도움을 요청하다

내가 환난 중에서 여호와께 아뢰며 나의 하나님께 부르짖었더니 그가 그의 성전에서 내 소리를 들으심이여 그의 앞에서 나의 부르짖음이 그의 귀에 들렸도다(시 18:6).

여호와의 눈은 의인을 향하시고 그의 귀는 그들의 부르짖음에 기울이시는도다(시 34:15).

3. tsa'aq(차아크) : 괴로움 때문에 내지르는 절규

의인이 부르짖으매 여호와께서 들으시고 그들의 모든 환난에서 건지셨도다(시 34:17).

4. rinnah(리나) : 큰 소리로 간청하다

> 하나님이여 나의 부르짖음을 들으시며 내 기도에 유의하소서 내 마음이 약해질 때에 땅 끝에서부터 주께 부르짖으오리니 나보다 높은 바위에 나를 인도하소서(시 61:1-2).

소리를 내서 하는 기도는 하나님과의 사랑 어린 신뢰의 관계에서 나올 수 있다. 진정한 아버지는 자녀의 소리에 귀를 기울이고, 그것을 아는 자녀는 위급한 상황에서 아버지를 향해 힘차게 부르짖음으로 도움을 청한다.

또한 소리는 우리 영혼에 영적인 역사를 일으키는 매개체이기도 하다. 대체로 영력이 발달된 사람은 다른 사람의 목소리만 들어도 그 사람의 영권을 가늠할 수 있다. 영혼이 정화되어 있고 하나님의 사랑으로 충만한 사람은 목소리가 청아하며, 영력이 있는 사람은 목소리가 힘차고 활기차다.

또한 소리에는 치유의 능력이 있다. 영력이 강한 사역자가 강력한 방언기도를 하거나 대적기도를 할 때 회중 안에 견고한 진이 파쇄되어 회복되고 치유되는 경우가 많다. 이런 사역자들과 전화로 통화만 해도 치유되고 회복되는 경우도 종종 있다.

의사의 말에 따르면 소리를 내거나 특히 큰 소리로 노래를 부를 때 세로토닌 분비가 활성화된다고 한다. 세로토닌이란 뇌의 신경전달물질로서 집중력과 기억력을 향상시켜 소위 '공부 물질'이라고 알려져 있다. 또 우리에게 행복한 기운을 느끼게 해 주는 '행복과 평화의 전달물질'이라고도 불리며 비만, 우울증 치료에도 효과가 있다고 한다. 소리 내어 하는 기도, 특히 부르짖는 기도도 유사한 효과가 있다.

자신의 마음에 있는 짐들을 하나님께 부르짖어 토하고 나면 마음이 시원하고 후련해진다. 그리고 사경을 헤매지 않는 한 아픈 사람도 부르짖어 기도하면 영혼이 살아나기 시작하고 알 수 없는 평안과 기쁨이 내면에서 샘솟는다. 하나님의 사랑의 생수가 흐르기 시작하면 가족이나 주변 사람들과 관계가 회복되는데 이럴 때 놀라운 기도 응답이 온다.

소리에 의해서 여리고 성이 무너졌다는 것은 중대한 영적 의미를 시사한다. 여호수아 6장에 나와 있듯 이스라엘 백성이 여리고 성 전투에서 한 일이라곤 하나님의 말씀에 따라 엿새 동안 매일 한 바퀴씩 성 주위를 돌고, 마지막 일곱째 날에는 일곱 번 돌고 큰 소리로 외친 것뿐이다. 이것은 영적 전쟁에서 소리의 중요성을 상징하는 것으로서, 하나님께 부르짖는 기도와 소리가 하나님의 역사를 일으키는 중요한 통로라는 것을 말해 준다.

100여 년 전 평양의 대부흥을 주도했던 장대현교회에서 시작된 새벽기도와 통성기도는 한국 기독교의 위대한 유산이며 한국교회의 부흥과 축복을 가져다준 일등공신이라고 할 수 있다. 그런데 애석하게도 100년이 지난 지금 한국교회에는 통성기도 소리도, 새벽기도의 열기도 점점 사라지고 있다.

악한 영들은 소리를 싫어한다. 특히 그리스도인들의 찬양 소리와 기도 소리, 더 나아가서는 부르짖는 기도를 싫어한다. 특히 큰 소리로 방언기도할 때 그들은 비명을 지르며 떠나간다. 그래서 악한 영들은 어떻게든 교회에서 소리를 내지 못하도록 계략을 꾸민다.

조용한 교회들은 유럽에 많다. 이미 유럽의 많은 조용한 교회들은 관광객을 위한 명소나 호텔, 클럽 등으로 변했다. 청교도들이 신앙의 자유를 찾아서 정착한 땅인 미국의 뉴잉글랜드 지역은 경제와 학문의 중심지로 발전했다. 그런데 이 지역도 몇몇 대도시에 있는 교회를 제외하곤 대부분이 쥐 죽은 듯 조용하다. 영적으로 너무나 침체되어 있는 것이다. 오죽하면 그곳의 미국 목사들이 "뉴잉글랜드에서 목회하느니 선교사로 나가는 것이 쉽다"고 했을까.

내가 선교사로 있었던 일본도 마찬가지다. 일본 교회는 너무 조용해서 싸늘할 정도다. 그들의 국민성이 조용한 탓도 있겠지만 하나님의 영이 임하면 마음이 뜨거워져서 조용히 있고 싶어도 그럴 수 없지 않을까 한다.

초대교회에서 성령 강림의 가장 큰 외적인 특징은 소리였다. 예수님이 승천하신 후 120문도가 마가의 다락방에 모여 마음을 합하여 기도했을 때 성령이 임했다. 그러자 그곳은 더 이상 조용한 곳이 아니었다. 그렇다. 하나님의 역사가 있는 곳은 시끄럽다. 찬양과 통회와 방언과 은사, 치유와 전도의 역사들이 일어나기 때문이다.

평소에 부르짖는 기도와 같은 발성기도로 충분히 훈련된 사람은 묵상기도나 관상기도와 같은 생각과 상상력이 동원되는 침묵기도에서 더욱 빛을 발한다. 발성기도는 입으로 소리를 내서 하는 기도다. 하지만 묵상기도만 주로 한 사람들은 발성기도를 할 때 매우 힘들어 하며 발성기도가 일정 궤도에 오를 때까지 시간도 걸린다.

또 발성기도로 충분히 훈련된 사람은 대적기도나 선포기도를 할 때도 이미 영력이 강해진 상태이기 때문에 바로 능력과 역사가 나타난다. 이에 반해 발성기도가 충분히 훈련되지 않으면 영력이 강하지 못한 상태이기 때문에 대적기도나 선포기도를 할 때 역사가 미흡하고 두려움이 앞선다.

침묵기도는 우리가 하나님의 음성을 듣거나 내적인 성찰을 하는데 효과적이고, 발성기도는 영혼의 강건함을 기대할 수 있다. 특히 부르짖는 기도는 영적 전쟁에 효과적인데 이는 소리의 영적 원리와 깊은 연관이 있다.

어떻게 부르짖어 기도할까?

오늘날 많은 성도가 무기력하고 약한 것은 발성기도의 부족이라 해도 과언이 아니다. 부르짖는 기도를 통해 영혼이 깨어나고 영적 부흥을 체험할 때 진정 우리는 주님의 용사가 될 수 있다.

대체로 발성기도, 부르짖는 기도를 주로 하게 되면 영이 강건해지고 마음도 담대해지며 은사도 받는다. 그렇다고 부르짖는 기도만 하다 보면 마음이 강팍해지고 남을 판단하거나 정죄하기 쉬워 다른 사람들 눈에 교만하게 보일 수 있다. 간혹 은사를 많이 받았거나 기도를 많이 한다는 사람들의 인격에 실망하는 경우가 종종 있는데, 바로 이 때문이다. 이것은 심령의 변화와 인격의 변화를 가져다주는 침묵기도를 통한 주님과의 친밀한 교제가 약해졌다는 증거다. 그러므로 이런 현상이 나타나면 곧바로 묵상기도와 관상기도를 통해 심령을 부드럽고 섬세하게 하거나 가슴을 사용하는 고음으로 찬양하고 기도하여 하나님의 사랑으로 충만해지도록 해야 한다.

그러나 마음이 괴롭고 슬플 때는 소리를 내서 울거나 부르짖으며 기도해야 한다. 그러고 나면 마음이 후련해지는데, 이는 눈물과 소리가 우리의 심령에 어떤 치유와 정화작용을 일으키기 때문이다. 장례식 때 곡을 하도록 권하는 민족은 유대인과 한국인뿐이라는데 이것은 유가족의 치유를 위해 좋은 방법이다.

목소리 톤을 낮추면 자연스럽게 배에서 나는 기도가 되며, 애절한 마음을 담아 가슴에 힘을 주면 목소리가 가늘고 높아지게 된다. 이것은 성악의 원리와도 비슷하다. 성악에서도 성대를 사용하여 노래를 부르지만 배와 가슴 등 어디를 사용하느냐에 따라 음색과 톤이 달라지고 듣는 이들에게 다른 느낌을 준다.

배를 사용하여 기도하면 영혼이 강건해지고 담대함이 생겨 영적 전쟁에 능하게 된다. 이에 반해 가슴을 사용하여 기도하면 영이 맑아지고 섬세하며 부드러워져서 내적인 정화작용이 일어난다. 우리는 너무나 큰 어려움과 슬픔을 당할 때 저절로 가슴으로 하는 기도를 하게 되는데 그것은 감정이 가슴에서 나오기 때문이다.

가장 일반적인 부르짖는 기도의 방법은 배에 힘을 주고 부르짖는 것이다. 배로 부르짖는 것이 어려우면 낮은 소리로 하면 된다. 그렇게 하다 보면 점차 배에서 소리가 나게 되고, 기도가 쌓일수록 점점 더 깊은 곳에서 소리가 난다. 낮은 소리로 부르짖으면 두려움이 많던 사람이 강건해져서 두려움을 모르게 되고, 강팍하던 사람은 여유롭고 낙관적인 성품으로 변화된다.

우리는 세상에서 많은 스트레스와 상처를 받고 살아간다. 세상 사람들은 그럴 때 술잔을 기울이며 자신의 마음을 토해 내거나 노래방 같은 곳에서 큰 소리로 노래 부른다. 그렇다면 그리스도인들은 어떻게 이 스트레스와 아픔을 떨쳐 버릴까? 세상 사람들처럼 술과 노래로 해소하지도 못한다. 혹시 그저 마음속에 켜켜이 쌓아 둠으로써 점점 더 우울해지지는 않는가?

부르짖는 기도는 토설기도이기도 하다. 스트레스와 상처, 근심과 염려 등을 통해 들어온 나쁜 기운들을 토해 내는 기도인 것이다. 질병도, 쓴 뿌리와 상처도, 중독과 같은 증상들도 모두 다 부르짖는 기도를 통해서 치유되고 회복될 수 있다.

두려움과 걱정 근심을 심어 주는 이야기를 듣거나 음산하고 사악한 내용의 TV 프로그램을 볼 때 악한 기운이 나를 사로잡을 수 있다. 또한 누군가로부터 사악한 말을 들어도 그럴 수 있다. 하나님의 은혜를 받아 내면이 정결해져도 영이 유약한 상태에 있을 때 이런 일을 당하면 가슴에 비수가 꽂힌 것처럼 답답하고 아프거나 심지어 두통을 앓기도 한다.

이럴 때 주님 앞에 모든 것을 쏟아 놓는다는 상상을 하면서 10분 정도 부르짖으면 가슴이 후련해지며 시원해진다. 구역질이 나거나 구토가 날 수도 있고, 심할 경우 탈진 현상이 일시적으로 일어나기도 하는데 이는 치유와 회복이 이루어지고 있다는 증거다. 머지않아 강건함이 회복되고 안정을 찾게 된다.

내가 사역하는 교회에는 권사님이 2000여 명에 이른다. 몇 년 전 권사 임직을 받은 사람들을 중심으로 기도학교를 한 적이 있다. 그런데 처음 그들을 만났을 때의 표정을 잊을 수가 없다. 나를 쳐다보는데 마치 노려보는 것 같았다. 나중에 깨달았지만 그것이 그들의 영적 얼굴이었다.

몇 주간 그들과 강의와 기도를 통해 신뢰를 쌓은 후 부르짖는 기도를 시도해 보았다. 최대한 소리를 질러 마음속에 있는 속상함과 억울함을 토설하는 기분으로 기도하라고 했다. 그렇게 시작한 기도가 20분이 넘었을 때 놀랍게도 그들 안에서 무엇인가가 나가는 것 같은 느낌이 들었다.

기도를 마치고 그들이 얼굴을 들었을 때 나는 깜짝 놀랐다. 처음에 노려보는 것 같았던 표정이 소녀처럼 변해 있었고 눈가는 촉촉이 젖어 있었던 것이다.

그 후 기도회를 통해 많은 간증이 쏟아져 나왔다. 그들 안에 잠자고 있던 영적인 갈망과 기도가 회복되고 은사도 회복되었다는 말을 들을 수 있었다.

발성기도를 시작으로 부르짖는 기도에 익숙해지면 성령의 권능과 은사가 많이 나타난다. 영적으로 맑아져서 성경 말씀을 읽어도 예전에는 그저 좋다고만 느끼던 것이 살아 운동력 있는 레마의 말씀으로 역사하는 것이 느껴진다. 부르짖는 기도를 많이 하는 사람은 찬양을 통해서도 역사가 많이 일어난다.

이 기도를 통해 가장 많은 변화와 은혜를 경험한 사람은 바로 나 자신일 것이다. 내가 부르짖는 기도를 본격적으로 시작한 것은 20여 년 전, 예수를 믿고 5년째 되던 해였다. 그 해 미국에 계시던 시아버지가 췌장암 말기를 선고받고 30일 만에 소천하셨는데 61세라는 젊은 나이에 갑작스럽게 돌아가셔서 가족들의 충격이 이만저만하지 않았다.

그런데 시아버지가 정말 천국에 갔는지, 그분의 구원 문제가 나에게 너무나 큰 의문으로 다가왔다. 당시 나는 초신자요 시아버지는 장로님이셨고 나를 특별히 사랑해 주셨기 때문에 이런 의문 자체가 불경스럽게 느껴졌지만 왠지 석연치 않은 점이 있었다.

게다가 당시 내가 출석하던 교회의 목회자가 불미스러운 스캔들에 휘말리면서 순수한 마음으로 오로지 하나님 말씀과 목회자들의 지도에 순종하며 신앙생활을 하던 나는 일련의 사건들을 통해 걷잡을 수 없는 영적 혼란에 빠지고 말았다.

은혜도 받고 성경도 읽고 있었지만 이러한 개개인의 문제를 향한 하나님의 뜻을 알 수가 없었다. 우리 가정을 위해 기도해 주는 사람들의 응답도 제각각이어서 더욱 혼미한 늪에 빠져 들어가는 듯했다.

그러던 어느 날 나는 내 안에서 절박하게 부르짖는 소리를 들었다.

"하나님! 저에게도 말씀해 주세요! 당신의 뜻을 알고 싶습니다!"

그때부터 기도에 대한 갈급함, 부르짖음이 내 영혼의 깊은 곳으로부터 봇물처럼 터져 나오기 시작했다. 우선 새벽을 깨웠다. 본 교회가 너무 멀어 집 근처 교회 중 부르짖는 기도를 허용하는 교회를 찾았다. 거기서 하도 부르짖었더니 하루는 어떤 분이 이런 쪽지를 남겼다.

"이 교회 전세 냈나요?"

낮에도 기도는 이어졌다. 둘째가 어렸을 때인데 도우미 아주머니가 오면 잠시 아기를 맡기고 방에 들어가 문을 잠그고 수화기를 내려놓고 부르짖었다.

하나님의 뜻을 알고자 하는 절박한 심정과 기도에 대한 목마름이 있어서인지 놀라운 일들이 일어나기 시작했다. 성경을 읽으면 말씀이 입체적으로 다가와 마치 내게 말을 거는 것 같았다. 말씀이 순간적으로 깨달아질 뿐만 아니라 강하게 나의 심령을 찔렀다.

> 하나님의 말씀은 살아 있고 활력이 있어 좌우에 날선 어떤 검보다 도 예리하여 혼과 영과 및 관절과 골수를 찔러 쪼개기까지 하며 또 마음의 생각과 뜻을 판단하나니(히 4:12).

'맞아, 이 말씀은 나한테 주시는 말씀이야!'

살아 운동력 있는 레마의 말씀이라는 것이 바로 이런 것이구나 하는 것을 나중에야 깨달았다. 말씀을 붙들고 울며 회개하고 감격하며 매일 1인 부흥회를 한 셈이었다. 성경을 많이 읽고 싶은 마음에 성경을 폈지만 막상 읽기 시작하면 말씀 하나하나의 강력한 역사로 한 번에 한 장 이상을 읽을 수가 없었다. 그러니 시간만 나면 말씀을 읽고 싶어서 설레는 마음으로 성경 앞에 앉았다.

하루는 새벽에 기도하는데 갑자기 위에서 불방망이같이 내려치는 듯하더니 온몸에 힘이 다 빠지면서 실신할 것 같아 의자에 엎드렸다. 그런데 다음 날도, 그다음 날도 이런 현상이 계속되어 나중에는 내가 좀 이상해진 것은 아닐까 싶어 목사님을 찾아가 상담을 했다. 목사님은 그것이 성령의 불, 성령의 기름부으심이라면서 사역을 시작하라고 권유했다.

이러한 체험이 있은 후 사람들을 위해 기도해 줄 때 놀라운 일들이 일어났다. 별 이야기도 안 했는데 전도하면 많은 사람이 눈물을 흘리며 하나님을 영접하거나 교회로 인도되었다.

금요찬양예배는 교회에서 부르짖는 기도를 마음껏 할 수 있어서 나는 늘 그 시간을 사모했다. 성도들과 함께 찬양하고 부르짖으며 기도하노라면 하늘 문이 열리고 강력한 권능과 성령이 임재하면서 각종 영적 체험들을 할 수 있었다. 지금 생각해 보면 그때 한 많은 경험들이 지금 하는 사역의 밑거름이 되어 은사를 받았거나 영적 체험을 하는 성도들을 지도할 수 있는 토대가 되었다.

새벽기도 때 방언으로 한 시간 이상 부르짖는 기도를 하고 나서 교회 문을 나서면 모든 만물들이 내가 오라고 하면 올 것 같고 가라고 하면 갈 것 같은 믿음이 생겼다. 부르짖는 기도에 역사하시는 하나님의 은혜에 탄복하지 않을 수 없었다.

이처럼 부르짖는 기도를 통해 은사를 받았을 뿐만 아니라 내면의 변화도 경험했다. 우울했던 성격이 밝아졌고 여렸던 마음이 강하고 담대해졌다. 심령이 강건해지니 대인관계도 수월해졌고 몸도 건강해졌다. 선포기도와 대적기도를 통해서 기도의 용사가 되어 가는 것 같았다. 그리고 쓰러져 가는 영혼들을 돌볼 수 있는 사랑과 여유를 갖게 되었다.

부르짖는 기도문

좋으신 하나님 아버지!

저는 삶 속에서 자주 갈등하고 스트레스를 받습니다.

하나님의 사랑받는 자녀라는 것을 알지만

이웃에게 그 사랑을 나눠 줄 여유도, 넉넉한 사랑도 없습니다.

제 자신을 바라보며 답답하고 낙심이 될 때가 있습니다.

이제는 환경과 제 자신을 바라보지 않고

주님만을 바라보며 부르짖으며 기도하길 원합니다.

부르짖는 기도를 통해 제 영혼이 깨어나고

하늘 문이 열려 나를 위해 싸워 주시고 도와주시는

하나님의 능력을 목도하길 원합니다.

제게 기도의 영을 부어 주셔서 영적인 갈급함을 가지고

주님 앞으로 달려 나가게 해주세요.

그래서 하나님이 기뻐하시는 제자로 그리고 강건한 용사로

우뚝 설 수 있도록 도와주세요.

우리의 대장 되시는 예수 그리스도의 이름으로 기도합니다.

아멘.

너는 내게 부르짖으라
내가 네게 응답하겠고 네가 알지 못하는
크고 은밀한 일을 네게 보이리라

예수 이름의 권세를 사용하여 명령하라

출애굽 사건에서 장자의 재앙을 겪고 나서야 이스라엘 백성을 내보낸 바로는 금세 마음이 바뀌어 그들을 추격한다. 이에 이스라엘 백성은 심히 두려워하며 여호와께 부르짖고 자기들을 애굽에서 이끌어 낸 모세를 원망한다.

위에서 아래로 향하는 기도

여호와께서 모세에게 이르시되 너는 어찌하여 내게 부르짖느냐 이스라엘 자손에게 명령하여 앞으로 나아가게 하고 지팡이를 들고 손을 바다 위로 내밀어 그것이 갈라지게 하라 이스라엘 자손이 바다 가운데서 마른 땅으로 행하리라(출 14:15-16).

하나님은 "너는 어찌하여 내게 부르짖느냐"라고 하신다. 성경 곳곳에서 "너는 내게 부르짖으라" 하신 분이 이렇게 말씀하시는 게 좀 의아하지 않은가? 하지만 자세히 살펴보면 이는 또 다른 차원의 기도라는 것을 알 수 있다.

하나님께서는 모세에게 "내게 기도하는 것을 멈추고 내가 이미 네게 준 권세를 사용하여 그 상황을 다스리라"고 말씀하신 것이다. 모세는 그 말씀에 즉각 순종했고 하나님 말씀대로 홍해는 갈라졌다. 이것이 바로 선포기도다.

우리가 드리는 일반적인 기도는 땅에서 하늘로 올라간다. 용서나 치유를 구하거나 감사를 드리는 기도가 그것이다. 공간적인 개념을 이용한다면 아래에서 위로 향하는 기도라고 말할 수 있다.

그러나 선포기도는 이와 정반대로 향한다. 그것은 특별한 땅의 문제를 해결하기 위해 하늘의 자원을 가져오는 기도다. 그것은 위에서 아래로 향하는 기도이며 하늘의 뜻이 땅에서 이루어지게 하는 기도다. 하나님께 어떤 것을 해달라고 요구하는 것이 아니라 하나님의 자녀인 우리에게 이미 주신 하나님의 권세를 사용하여 어떤 일이 이루어지도록 명령하는 것이다.

이러한 선포기도에는 '명령기도'와 '대적기도'가 있다.

> 베드로가 이르되 은과 금은 내게 없거니와 내게 있는 이것을 네게 주노니 나사렛 예수 그리스도의 이름으로 일어나 걸으라 하고(행 3:6).

베드로는 미문 앞에 앉은 앉은뱅이를 보았을 때 그가 치유되는 것이 하나님의 뜻인지 아닌지를 기도로 묻지 않았다. 그를 향한 하나님의 뜻이 치유였음을 알았기 때문이었다.

이처럼 명령기도는 하나님의 뜻을 분별한 후에 예수님 이름의 권세와 십자가의 공로를 의지하여 성령의 인도하심에 따라 각자 믿음의 분량대로 기도하는 것이다.

> 그런즉 너희는 하나님께 복종할지어다 마귀를 대적하라 그리하면 너희를 피하리라(약 4:7).

대적기도는 선포기도의 한 종류다. 마귀를 내쫓고 흑암의 권세를 깨뜨리는 전투기도다. 모든 그리스도인의 대적인 마귀와 하나님의 교회를 허물어뜨리려는 어둠의 세력 그리고 사람들을 미혹하고 속여 지옥으로 끌고 가려는 악한 세력을 대적하고 싸워 나가는 기도다.

복음서는 예수님을 대적하는 악한 세력뿐만 아니라 예수님을 따르는 사람들 배후에 있는 어둠의 세력에 대해서도 언급한다. 그래서 언뜻 들으면 예수님을 위하는 것 같지만 사실은 하나님의 뜻을 이루지 못하도록 방해하는 배후 세력임을 예수님은 감지하시고 "사탄아 내 뒤로 물러가라!"고 말씀하셨다(마 16:23).

하나님의 전략은 '전세가 역전되는 지점에서 우리가 어떤 방식으로 기도할 수 있는가'인데 '최선의 방어는 공격'이라는 말은 영적 전투에도 적용된다. 우리의 대장이신 예수 그리스도는 우리에게 공격용 무기로 성령의 검인 하나님의 말씀을 주셨다. 모든 교회가 그분의 지휘에 따라 지속적으로 공격하며 나아갈 때 하나님 나라가 확장된다. 공격하고 정복하는 하나님 말씀의 힘은 오직 믿음의 기도로 그 위력이 발휘되고, 그것은 요새에서 원수를 몰아낼 수 있는 강력한 무기가 된다.

성령의 검 곧 하나님의 말씀을 가지라(엡 6:17).

선포기도의 3요소

선포기도에는 세 가지 핵심 요소가 있는데 그것은 담대함과 믿음, 성령의 임재다.

1. 담대함

우리는 기도할 때 종종 무언가를 선포하려다가 멈칫할 때가 있다. 짧은 순간 '선포했는데 아무 일도 안 일어나면 어떡하지?'라는 생각이 스치고 지나는 것이다. 환우를 위해 기도할 때도 치유되지 않으면 어떡하나 하는 마음에 담대하게 선포하지 못한다.

그런 마음과 생각이 어디서 온 것일까 생각해 본 적이 있는가? 그것은 종종 사탄이 우리에게 주는 거짓된 생각이다. 사탄은 우리에게 부정적이고 소극적인 생각을 던져 줌으로써 믿음으로 선포하고 행동하지 못하도록 우리를 옭아맨다. 예상치 못한 결과를 감당할 수 없다는 부담감과 책임감 때문에 아예 기도하지 않는 것이 과연 하나님의 뜻인지 우리는 분별해야 한다.

> 사랑하는 자들아 만일 우리 마음이 우리를 책망할 것이 없으면 하나님 앞에서 담대함을 얻고 무엇이든지 구하는 바를 그에게서 받

나니 이는 우리가 그의 계명을 지키고 그 앞에서 기뻐하시는 것을 행함이라(요일 3:21-22).

예수 그리스도의 십자가로 말미암아 죄 사함 받고 의롭다 함을 얻은 우리는 하나님의 뜻이라는 확신이 설 때 담대히 나가 예수 그리스도의 이름으로 선포하며 기도해야 한다. 하나님은 우리가 보기에 가능한 것뿐만 아니라 불가능해 보이는 것까지도 구하라고 격려하신다. 사람들 눈에 그렇게 보일 뿐 모든 문제가 하나님이 보시기에는 별 차이가 없기 때문이다.

허드슨 테일러(Hudson Taylor)는 다음과 같이 말한다.

"당신이 만일 지폐를 받았을 때 지폐에 적힌 액수에 대해 의심하지 않을 것이다. 그렇다면 성경책에 기록된 말씀은 어떤가? 그것이 지폐에 적힌 액수보다 더 확실하지 않은가? 성경의 어떤 것도 우리 신앙에 가치 없는 것은 하나도 없다. 단지 그것이 하나님의 약속의 말씀이든지 아니든지 둘 중 하나일 뿐이다."

2. 믿음

예수님은 "할 수 있거든이 무슨 말이냐 믿는 자에게는 능히 하지 못할 일이 없느니라"(막 9:23)고 말씀하셨다. 다니엘은 사자 굴에 던져

졌지만 그의 몸이 조금도 상하지 않았다. 성경은 그 이유를 이렇게 밝히고 있다.

이는 그가 자기의 하나님을 믿음이었더라(단 6:23).

우리는 기도하면 어떤 변화가 일어날 것이라는 결과에만 주목하기 쉽다. 그러나 참된 믿음은 내 안에 계시는 하나님이라면 무엇이든지 하실 수 있다는 믿음이며, 이것이 우리를 기도하게 만든다. 즉 주님에게는 능치 못할 일이 없고 우리의 기도 제목이 그분의 뜻과 부합하면 우리가 기도할 때 역사는 반드시 일어난다. 역사는 주님이 일으키시고 우리는 주님의 말씀에 순종하여 선포만 하면 된다. 바꾸어 말하면 우리가 주님을 신뢰하고 믿는 만큼 역사는 일어난다.

믿음이 성장하면 자연스럽게 선포기도가 더 많아지는데, 신기한 것은 선포기도를 많이 하면 할수록 성령의 기름부으심이 강해진다는 것이다. 또한 하나님과 친밀한 교제를 나누고 성령의 임재가 충만해진다. 기름부으심이 강한 사람의 선포기도에는 그만큼 역사가 많이 일어난다.

처음 기도사역을 시작했을 때 큰소리로 예수님의 이름을 외치며 선포하면서도 '과연 이것이 역사할까?'라는 의문이 들 때면 나도 모르게 주춤하곤 했다. 그러나 하나님의 명령이니 무조건 순종하겠다고 결단하자 사람을 의식하지 않고 담대하게 선포할 수 있었다. 점차 의심과 주저함은 온데간데없이 사라지고 이제는 설레는 마음으로 주님의 역사와 응답을 기대하는 믿음이 생겼다.

그의 기도에 의해 죽은 자도 살아났던 마헤쉬 차브다 목사는 기도한 후 실망스러운 결과가 나타난다 하더라도 '왜?'라는 질문을 하지 말라고 충고한다. 그는 "'지금 내가 이해할 수는 없지만 거기에는 분명 하나님의 뜻이 있을 거야'라는 생각을 가지고 순종하며 믿음의 기도를 멈추지 않는다면 결국 그 사람은 믿음의 거장이 될 것이다"라고 했다.

그렇다. 기대한 응답을 받지 못한다 할지라도 하나님을 전적으로 신뢰하는 것이 중요하다. 왜냐하면 순도 100퍼센트의 믿음이 100퍼센트의 응답을 가져오는 문을 열어 주기 때문이다.

허드슨 테일러는 중국 선교사로 파송되었을 때 많은 선교사가 중국의 항구에만 몰려 있는 것을 보았다. 그들은 본국에서 보내오는 물자나 돈을 비교적 쉽게 받을 수 있는 곳에서 사역을 하고 있었던 것이다. 그러나 그는 고아원 운영에 필요한 모든 자금과 물품을 오로지 기도를 통해 공급받아 사역하던 조지 뮬러(George Muller)의 삶에 도전을 받고, 자신도 그처럼 믿음으로 살기로 결단했다. 그렇게 해서 중국

내지선교회가 발족되었고, 그는 항구를 떠나 내지로 들어가 오로지 기도의 응답으로만 사역을 시작했다.

그 후 전쟁과 여러 가지 경제 위기로 항구에 있던 선교사들이 더 이상 선교를 할 수 없어 본국으로 돌아갔을 때 허드슨 테일러는 중국에 남았고, 중국인들의 공급과 자립 선교에 의해 놀라운 중국 선교의 꽃을 피웠다.

3. 하나님의 임재

'셰키나'는 '하나님의 영광이 가득하다'라는 뜻의 히브리어로, 성경에 직접 나오지는 않지만 하나님의 임재를 상징하는 말이다. 레위기의 언약궤, 출애굽 후 광야를 지날 때 불기둥과 구름기둥, 솔로몬이 성전을 봉헌할 때 구름 속에 임하신 하나님의 영광, 그리고 이사야가 성전에서 목격한 하나님의 임재가 바로 셰키나다.

하나님의 임재가 있는 곳에는 하나님의 영광의 빛이 임한다. 거룩함과 회개와 갈망 가운데 드려지는 예배를 통해 우리는 하나님의 임재를 느낄 수 있다. 그뿐만 아니라 하나님과 친밀한 교제를 나누는 사람은 삶 속에서도 하나님의 임재를 느낄 수 있다.

성 프란치스코(Francesco)는 밤에 마을과 도시로 이동할 때 늑대와 같은 짐승들과 종종 마주쳤는데, 이 짐승들이 프란치스코 앞에서는 꼬리를 내리고 잠잠히 사라졌다고 한다. 그가 하나님의 강한 임재 가운데 한 치의 두려움도 없이 짐승들을 바라보는 것만으로도 짐승들이 단숨에 제압되었던 것으로 보인다.

성경은 "주와 합하는 자는 한 영이니라"(고전 6:17)고 말한다. 십자가의 성 요한(Saint John the of Cross)은 "악마는 하나님을 두려워하듯 하나님과 합일된 영혼을 두려워한다"고 말했다. 우리가 하나님과 친밀하면 할수록 기도할 때 역사는 커진다. 주님과 내가 하나가 되면 될수록 내 안에서 하나님의 권세는 더욱더 능력 있게 역사하기 때문이다.

C. S. 루이스(Lewis)의 《스크루테이프의 편지》는 '그리스도인들을 실족시키기 위해 조카 마귀를 지도하는 삼촌 마귀의 편지'라는 매우 흥미로운 내용이다. 이야기에서 삼촌 마귀는 가장 싫어하는 부류의 그리스도인들을 설명한다. 바로 머리 위에 구름과 같은 것이 드리워져 있어서 공격하고 싶어도 이 구름이 시야를 가려 도저히 근접할 수 없는 사람이다. 그렇다. 하나님의 임재와 영광의 빛 가운데 있는 사람은 사탄의 공격으로부터 보호를 받으며 평강 가운데 사역과 삶을 영위하게 된다.

당신은 늘 두려움과 염려로 힘든 인생을 사는가? 주님의 임재 가운데로 들어가기를 힘쓰라. 그러면 당신은 안전할 것이며 성령의 생수의 강이 평강과 기쁨으로 당신의 심령 가운데 흐를 것이다. 그리고 하나님의 임재 가운데 있는 성도들의 선포기도는 하늘을 뚫고 올라가는 대포알과 같아서 놀라운 기도의 응답을 받게 될 것이다.

닫힌 문을 활짝 열라

예수님은 공생애 기간 동안 당신이 어떤 분인지를 드러내셨다. 주님은 물 위를 걸으면서 자연의 법칙을 뛰어넘으셨고(마 14:25), 날씨의 패턴을 바꾸어 자연의 힘을 통제하셨다(막 4:39). 오병이어의 기적 등에서 알 수 있듯 음식의 양을 늘리고(마 14장), 가나 혼인잔치에서 물을 포도주로 바꾸었으며(요 2장), 공간 이동을 하고, 물 위를 걸으시고(마 14장) 말씀으로 나무들을 말라죽게 하는 등(마 21장) 물리 · 화학의 법칙도 바꾸셨다. 그리고 많은 이들을 치유하는 질병에 대한 통치권도 가지고 계셨다. 죽은 나사로와 나인 성 과부의 아들을 살리면서 사망 권세가 주님의 손안에 있음도 보여 주셨다(요 11:43-44; 눅 7:15). 이렇듯 주님은 자연의 법칙까지도 그분의 권위 아래 있음을 보여 주심으로써 그분이 바로 하늘과 땅의 모든 권세를 가진 분임을 드러내셨다. 주님은 우리에게 말씀하신다.

> 또 내가 네게 이르노니 너는 베드로라 내가 이 반석 위에 내 교회를 세우리니 음부의 권세가 이기지 못하리라 내가 천국 열쇠를 네게 주리니 네가 땅에서 무엇이든지 매면 하늘에서도 매일 것이요 네가 땅에서 무엇이든지 풀면 하늘에서도 풀리리라 하시고(마 16:18-19).

초대교회 시대 사람들은 지하 세계의 여신인 헤카테(Hekate)가 지옥의 열쇠를 가지고 있다고 생각했다. 당시 그리스도인들은 예수 그리스도가 지옥에 내려가 이 열쇠를 지하 세계의 모든 권세자로부터 빼앗으셔서 그것을 이 땅에 있는 그분의 통치기관인 교회, 즉 우리에게 주셨다고 믿었다. 이 열쇠를 가짐으로써 우리는 사탄이 이 땅을 통치하는 데 사용하려는 것들을 풀 수 있게 되었다고 믿었다.

열쇠는 문을 잠그고 여는 데 사용된다. 문마다 거기에 맞는 열쇠가 따로 있듯이 영적인 세계도 그렇다. 그러므로 문제에 맞는 바른 열쇠를 찾는 게 관건이다. 무엇을 열고 무엇을 닫을지 알게 하시는 분은 하나님이시다. 따라서 하나님의 말씀에 민감하게 귀를 기울이고, 주어진 상황에서 하나님의 뜻이 무엇인지 분별해 내는 지식이 필요하다.

선포기도는 닫힌 문을 열게 한다. 성령의 능력 아래 우리의 선포에 따라 일이 매이기도 하고 풀리기도 한다. 선포기도는 하나님 나라를 확장하는 수단으로서 현존하는 어둠의 주관자들과 권세들에 대항하는 데 주로 초점이 맞추어진다. 복음에 대해 과도하게 저항하는 사람들의 배후 세력을 향해, 불의와 압제, 폭력과 중독의 배후 세력을 향해 우리는 선포하며 기도해야 한다.

배후에 있는 악한 영을 꾸짖을 때 그들은 두려워하며 쫓겨난다. 그들은 영적으로 약한 자들에게는 살기등등하지만 영적으로 강한 자들과 그들에게 분노하는 사람들은 두려워서 떤다.

마음을 강하게 하고 담대하게 선포하라! 치명적인 질병이 가져다주는 두려움에 대해서도 대항하며 싸워 나가야 한다. 공포증 환자나 신경증 환자에게는 마음의 안정을 선포해야 하며, 열병은 떠나가라고 꾸짖고, 암세포는 파쇄되도록 명령해야 한다. 온갖 종류의 두려움은 다시 돌아오지 말도록 명령해야 한다. 온갖 종류의 악한 생각과 의심과 왜곡된 사실은 물리쳐야 한다. 분노와 시기와 험담의 영을 묶고 용서와 사랑과 믿음의 영을 풀어 주어야 한다. 어두움의 영들이 우리 삶 속에 역사하는 것을 볼 때마다 우리는 단호하게 물러가도록 명령해야 한다.

우리가 하나님의 자녀로서 말씀대로 살려고 하면 어둠의 영들의 공격을 받게 될 것이다. 그런데 사탄은 굉장히 교활해서 눈에 띄게 공격하지 않는다. 그들은 우리가 쉽게 눈치 채지 못하도록 갖은 수단을

다 쓴다.

나라고 예외일 수 없었다. 3대째 믿음의 유산을 물려받은 남편과 결혼하면서 자연스럽게 신앙생활을 시작했지만 한편으로 나는 믿지 않는 가정에서 나고 자란 믿음의 1세대였다. 구원의 기쁨을 누리는 순간들도 많았지만 기도를 하지 않거나 하나님과 조금만 거리가 생기면 두려움과 불안, 죄책감, 슬픔 등이 찾아왔다.

그때는 그런 것들이 내 기질과 성격이려니 생각하고 대수롭지 않게 여겼다. 문득문득 부정적인 생각이 들어도 그냥 생각이겠지 하고 넘겼다. 그러나 그 부정적인 생각을 받아들이는 순간 나의 감정이 요동치기 시작했고 그러면 영적으로 힘들어지는 패턴이 오랜 세월 반복됐다.

처음에는 심증만 가는 영역이지만 밑져야 본전이라는 심정으로 내 안의 부정적이고 안 좋은 것들을 하나씩 대적하고 선포하며 기도하기 시작했다.

"내가 나사렛 예수 그리스도의 이름으로 명하노니 나를 두렵게 하는 영은 떠나갈지어다! 내게 부정적인 생각과 감정을 가져다주는 악한 영은 예수 이름으로 명하노니 떠나갈지어다!"

놀라운 건 이렇게 대적기도를 하면 그것들이 사라진다는 사실이다. 나는 그동안 악한 영들이 심어 놓은 거짓말에 속아 이것이 나의 성격이려니 생각하며 살았던 것이다.

그뿐이 아니다. 대적기도를 통해 부정적인 생각이나 용서하지 못하는 마음이 해결된다는 것을 경험으로 알고 있었지만, 설마 타고난 기질에까지 영적인 문제가 엉켜 있을 줄은 상상도 못했다.

나는 한때 아침에 눈을 뜨면 제일 먼저 드는 생각이 '오늘 하루를 어떻게 살지?'였다. 심한 우울감에 시달리던 터라 기도 없이는 단 하루도 살 수가 없어서 저절로 주님의 도우심을 구하는 기도가 나왔다. 이에 비해 남편은 "오늘 하루도 힘찬 하루!" 하며 항상 에너지가 넘쳤다. 그런 남편이 늘 부러웠지만 '나는 원래 이런 사람인데 뭘' 하며 숙명처럼 받아들였다. 그러던 어느 날 불현듯 이런 생각이 들었다.

'내가 왜 이렇게 우울하지? 혹시 우울감도 영적인 것이 아닐까?'

우리 집안의 내력을 살펴보니 나만 그런 게 아니라 집안 대대로 이런 우울한 기질이 있다는 것을 발견했다. 혹시 우울의 영이 대물림된 게 아닐까 싶어 그날 당장 이 부분을 놓고 집중적으로 대적하고 선포하는 기도를 했다. 그러던 어느 날 내 안에 있던 무언가가 빠져나가는 것을 느낄 수 있었다.

이후 아무리 우울해지려고 애를 써도 좀처럼 우울해지지 않는다. 그리고 아침에 눈을 뜨면 내 안에서 '오늘도 좋은 일이 일어날 거야!', '정말 감사하다!' 하는 내면의 소리가 들린다. 나의 이런 변화에 남편도 놀란다.

나는 이 일을 겪으며 사람의 성격은 바뀔 수 있고 기질의 단점은 치유될 수 있으며 장점은 더 개발될 수 있다는 것을 알게 되었다. 대적기도를 통해 타고난 기질이 지닌 단점들이 파쇄되면 그 기질의 장점들이 더욱 빛을 발하게 된다. 가령, 우울기질은 사색과 창의력이 개발되고, 담즙질과 다혈질의 경우 강한 자아와 혈기 대신 강한 추진력이 개발되는 식이다. 각자 갖고 있는 기질에서 장점이 아름답게 발휘되는 것이다.

기도의 대가인 오 할레스비(Ole Hallesby)는 "은밀한 기도의 방은 피 흘리는 전쟁터다. 바로 여기서 격렬하고 결정적인 전투가 수행된다"고 말했다.

우리가 선포기도를 통해 어두움의 세력과 영적 전쟁을 치를 때 기억해야 할 것이 있다. 그것은 바로 음부의 권세는 교회인 우리의 선포기도의 맹공격을 견뎌 낼 수 없다는 사실이다.

선포기도에 역사가 안 일어나는 이유

선포기도를 했지만 아무런 역사가 일어나지 않는다면 다음과 같은 세 가지 이유를 생각해 볼 수 있다.

첫째, 기도와 금식이 충분했는지 점검해 보기 바란다. '금식기도' 장에서 살펴본 것처럼, 마가복음 9장 14-29절에 예수님과 제자들이 귀신 들린 아이를 만났을 때, 예수님은 귀신을 내쫓았지만 제자들은 그럴 수 없었다. 예수님은 그 이유를 "기도와 금식(prayer and fasting) 외에 다른 것으로는 이런 종류가 나갈 수 없다"고 말씀하신다.

둘째, 자신의 믿음의 상태를 점검해 보기를 바란다.

> 예수께서 이르시되 어찌하여 무서워하느냐 믿음이 작은 자들아 하시고 곧 일어나사 바람과 바다를 꾸짖으시니 아주 잔잔하게 되거늘(마 8:26).

배를 타고 가던 제자들이 풍랑을 만나게 되자 주무시던 예수님을 깨웠다. 그때 주님이 제자들을 향해 하신 말씀이 믿음에 관한 것이었다. 여기서 '작은 믿음'이란 소량이라는 의미를 나타내는 'oligos'와 믿음을 뜻하는 'pistos'가 합쳐진 말로 '자신감이 결여되었거나 신뢰가 아주 적은 상태의 믿음'을 말한다. 그것은 개발되지 않은 믿음으로, 불신앙이나 불신과는 다르다.

우리는 믿음을 지속적으로 사용함으로써 얻어 낸 결과에 따라 믿음을 개발해 나갈 수 있고, 믿음을 사용해서 얻은 경험을 통해 더 큰 믿음을 가지게 된다. 그러나 현대의 많은 그리스도인은 그들의 믿음을 사용하지 않기 때문에 유약해질 수밖에 없다.

내가 선포기도의 능력을 확신하게 된 것은 아이들이 어린 시절 아팠을 때다. 아이들은 약을 먹어도, 병원에 가도 계속 토했고, 열은 가라앉지 않았다. 그때 문득 예수님이 베드로의 장모의 열병을 고치신 것이 생각나면서 나는 왜 그렇게 능력 있는 기도를 할 수 없는 걸까, 곰곰이 생각해 보았다.

믿음이 없는 것은 아니나 아프면 병원과 약만 의지하다 보니 믿음을 써 볼 기회가 없었기 때문이라는 데 생각이 미쳤다. 그야말로 개발되지 않은 작은 믿음이 문제였던 것이다. 그래서 나는 믿음으로 선포하며 기도하기 시작했다. 10여 분이 지나자 아이들을 괴롭히던 열이 서서히 내리기 시작했지만 얼마 후 다시 고열이 났다. 그러나 낙심하지 않고 다시 선포하며 기도했고, 마침내 열이 완전히 내리게 되었다. 할렐루야!

이런 경험이 하나둘 쌓이면서 나는 기도하면 나을 것이라는 믿음이 자연스럽게 생기게 되었다.

그렇다. 예수님을 믿는 우리에게는 직면한 상황을 변화시킬 열쇠가 있다. 그 열쇠를 사용하라! 믿음을 발휘하라! 두려움, 질병, 재정

파탄 등의 폭풍에게 고요하라고 명령하라!

셋째, 주님이 주신 권세를 사용하고 있는지 점검해 보길 바란다. 예수님은 직접 명령기도를 하셨을 뿐만 아니라 제자들에게 그와 같은 권세를 주셨다. 우리가 예수 그리스도의 대속의 은혜로 하나님의 자녀가 된 순간 우리에게는 예수님과 똑같은 특권이 하나님 아버지로부터 부여되었다.

예수님의 이름의 권세와 보혈의 능력을 기도 가운데 자주 사용해 보라. 그럴 때 당신 앞에 놓인 문제와 상황의 문이 서서히 열릴 것이며, 이전과는 또 다른 차원의 응답을 받게 될 것이다.

> 예수께서 열두 제자를 불러 모으사 모든 귀신을 제어하며 병을 고치는 능력과 권위를 주시고 하나님의 나라를 전파하며 앓는 자를 고치게 하려고 내보내시며(눅 9:1-2).

> 내가 진실로 진실로 너희에게 이르노니 나를 믿는 자는 내가 하는 일을 그도 할 것이요 또한 그보다 큰일도 하리니 이는 내가 아버지께로 감이라(요 14:12).

선포기도, 이렇게 하라

권세 있는 기도를 하기 위해서는 그리스도의 빛으로 언제나 자신을 에워싸고, 예수 그리스도의 보혈로 자신을 덮으며, 그리스도의 십자가로 자신을 인봉하면서 성령의 권능으로 옷 입어야 한다. 하나님의 수많은 천사들도 영적 전투에서 우리를 돕는 임무를 부여받았고 우리는 하나님께 천군천사의 도움을 요청할 수 있다.

1. 매고 풀라

원수 마귀의 역사를 매고 하나님의 합법적인 뜻을 주어진 상황에 푸는 기도를 한다. 결박기도는 쫓아내는 것이 아니라 일시적으로 그들의 힘을 묶어 놓는 것이다. 삶에 여러 가지 어려움이 오고 그 배후에 악한 영이 역사하는 것을 느낀다면 그것을 결박하는 기도를 해야 한다. 이 기도는 일시적이기는 하지만 마귀의 세력을 무력화시킨다.

복음을 전할 때 방해하는 사람들이 있을 때, 갑작스러운 영적 공격을 느낄 때 악한 영들을 묶는 기도를 해 보라. 또한 특별한 이유 없이 힘들게 하는 사람들에게도 적용해 보라.

2. 말씀을 선포하고 명령하라

그 상황에 맞는 적절한 성경 말씀을 선택하여 선포한다. 예를 들어, 영적 전쟁을 치르는 사람에게는 "내가 너희에게 뱀과 전갈을 밟으며 원수의 모든 능력을 제어할 권능을 주었으니 너희를 해칠 자가 결코 없으리라"(눅 10:19)는 말씀을 선포하는 것이다. 이 말씀들이 능력이 되어 그들을 자유케 하며 담대하게 할 것이다.

또한 하나님의 뜻과 상관없는 현재 상황을 반전시키기 위해 하나님께서 주신 말씀으로 명령하며 기도한다. 예를 들어 배가 아픈 경우 "통증은 멈출지어다!"라고 명령하는 것이다.

한편, 성령의 인도 아래 영감을 주시는 대로 하나님의 뜻을 선언할 수 있다. 내가 처음 선포기도를 해 본 것은 신앙생활을 시작한 지 1년쯤 지났을 무렵이었다. 그때는 영적인 세계에 대해서도, 또 기도의 능력도 잘 알지 못했다. 당시 나는 첫아이를 임신하고 시부모님과 함께 살고 있었다.

어느 날 병원에 가서 정기검진을 받는데 담당의사가 내게 감염된 곳이 있어서 항생제를 먹어야 한다고 했다. 그런데 문제는 항생제를 먹으면 태아에게 위험하고, 항생제를 먹지 않고 감염된 채로 출산을 하면 태아도 나도 위험하다는 것이었다. 진퇴양난의 상황이었다. 나는 그날 집에 돌아와 약을 안 먹고 기도하겠다고 선포했다.

그때는 믿음이 있어서가 아니라 오로지 아기를 약물의 위험에 노출시키고 싶지 않은 마음에서 그렇게 선포한 것 같다. 시부모님은 신앙생활을 시작한 지 얼마 안 된 며느리가 이렇게 선포하자 내심 기특하면서도 한편으론 심히 걱정했다. 나는 그날부터 다음 검진을 받는 날까지 2주간 정말 간절한 마음으로 쉬지 않고 기도했다. 그리고 마침내 검진을 위해 병원에 간 나는 의사로부터 놀라운 소식을 듣게 되었다.

"깨끗해졌는데요."

누구보다 놀란 사람은 시아버지였다. 교회는 오래 다니셨지만 그런 역사에 대해 늘 의구심을 갖고 있던 시아버지는 놀라움을 금치 못했고, 이를 계기로 기도의 능력과 하나님의 역사에 대해 확신하게 되었다. 물론 초신자에 불과했던 나도 그 사건을 통해 믿음을 가지고 선포하며 기도하면 하나님이 신실하게 응답하신다는 것을 체험하게 되었다.

영적 전쟁 속에 휩싸인 성도를 위해 중보하거나 악한 영을 쫓아낼 때는 자신감을 갖고 담대하고 분명하게 명령하고 선포해야 한다. 그리고 축사할 때 주의할 점은 절대로 기도를 받는 사람이 수치심을 느끼게 해서는 안 된다는 것이다. 불쾌하고 파괴적인 방법으로 사람들의 구경거리가 되게 해서는 안 된다.

예수님은 언제 말해야 하고, 언제 침묵해야 하는지 정확하게 알고 계셨다. 주님은 언제나 기도받는 사람들의 상황을 긍휼한 마음으로 물으셨고 그 영혼을 인격적으로 대하셨다. 그리고 병을 치유해 주실 때도 "네가 낫기를 원하느냐"고 물으시며 치유와 회복의 의지를 타진하셨다.

예수님이 그러셨다면 우리는 더더욱 그래야 한다. 그들을 긍휼히 여기는 마음으로 최대한 예의를 갖춰야 한다. 영적으로 문제가 있는 사람이라도 본인이 기도받기를 거부한다면 억지로 축사해서는 안 된다. 그리고 억지로 한다고 해결되지도 않는다.

영적 분별력과 신중함을 가지고 현명하게 해야 할 뿐만 아니라 성령에 민감해야 한다. 그리고 악에 대해서는 단호하고 확고하게 다루되 그 사람에 대해서는 언제나 친절하고 긍휼히 여기는 마음으로 대해야 한다. 하나님 안에서 담대해야 하지만 영적인 겸손함을 잊어선 안 된다.

자녀에게 기도를 가르치라

오늘날 영적으로 묶여 있는 그리스도인들이 많다. 그들은 자신에게 하나님의 약속의 말씀과 권능, 자유가 있음에도 불구하고 영적 전쟁에 대해서 무지하기 때문에 감옥과 같은 삶을 살아간다. 그리고 그들의 대부분은 자신이 묶여서 살고 있다는 사실조차 인식하지 못한다. 그들은 그렇게 사는 것이 그저 자신의 어쩔 수 없는 성격과 운명 때문이라고 체념하며 살아간다.

어떤 이들은 식탐, 술, 도박, 음란, 혈기 등의 문제로 고통을 겪지만 그것의 배후에 악한 영이 존재한다는 것은 알지 못한 채 포로 생활을 하고 있다. 우리는 먼저 우리의 삶 가운데 역사하고 있는 악한 영의 정체를 깨달아야 하며 우리에게 주어진 영적 권세를 가지고 그것을 파쇄해야 한다.

놀라운 것은 이런 영적 파쇄가 일어날 때 우리의 감정과 생각이 새로워지고 강건해져서 스스로 마음과 생각을 다스리게 된다는 것이다. 그뿐만 아니라 대인관계도 새로워지며, 더 이상 억압되고 눌리는 삶이 아닌 풍성하고 자유로운 삶을 누리게 된다. 이렇게 먼저 자신 안의 어두움을 처리하고 나면 우리 안에 주님의 빛과 능력이 임하게 되는데, 이때 선포하며 기도하면 가정과 사역 가운데 역사하는 어두움이 떠나간다.

나는 아이들이라고 해서 예외는 아니라고 생각한다. 그러므로 아이들에게도 영적 전쟁에 대해 바로 알도록 가르쳐야 하며, 그것들에 대항할 힘을 어려서부터 길러 줘야 한다고 생각한다.

놀라운 것은 아이들이 의외로 그런 영적 전쟁에 대해 잘 이해하고 어두움의 역사도 쉽게 인지한다는 것이다. 아이들은 순수하고 영이 맑기도 하거니와 어른들보다 영적인 실체에 대해 더 예민하고 상상력도 풍부하기 때문이다.

우리 집 막내가 네 살이 되었을 무렵 나는 입양 사실을 아이에게 알려야겠다고 마음먹었다. 공개 입양에서 가장 어려운 단계를 지나기로 결심한 것이다. 하지만 나는 떨려서 엄두가 나지 않았다. 남편이 대신 총대를 멨다.

"다른 아이들은 아빠, 엄마가 한 사람씩 있지만 너에게는 엄마 아빠가 많단다."

막내딸은 그게 무슨 의미인지도 모르고 막 좋아했다.

당황한 나는 얼른 "래나는 좋겠다"라고 말을 받았다. 남편은 이어서 딸에게 입양 사실을 공개했다.

입양이 뭔지 확실히 이해하지 못할 나이인데도 그렇게 밝고 활달하던 아이가 한 달 동안 말을 안 했다. 유치원이 좀 멀어서 차로 데려다주는데 차마 보기 안쓰러울 정도로 창밖만 쳐다봤다.

급기야 유치원에서 전화가 왔다. 점심시간에 갑자기 울음을 터뜨렸다는 것이다. 찾아가 원장님과 담임선생님에게 자초지종을 이야기했더니 유치원은 그다음 날부터 막내딸을 돕기 위한 작전을 펴기 시작했다. 아침 등원할 때 원장님을 비롯해 10여 명의 교사들이 전부 나와 래나를 반갑게 맞아 주며 안아 주었고, 원장님은 따로 불러 간식도 먹이며 사랑을 쏟아 주었다. 집 안팎의 노력으로 딸아이는 점점 회복되어 갔다.

그러던 어느 날 유치원에서 돌아오는 길에 뒷좌석에 앉아 있던 아이가 이렇게 말했다.

"엄마, 나 자꾸만 슬퍼져요."

"그렇구나. 하나님이 너를 사랑하시는데 왜 슬플까? 엄마 아빠도 얼마나 너를 사랑하는데…."

처음에는 좋은 말로 위로했으나 며칠이 지나도록 계속 그랬다. 이대로는 안 되겠다 싶었다.

"래나야, 하나님은 슬픈 마음을 주실까, 기쁜 마음을 주실까?"

"기쁜 마음이요."

"그럼 슬픈 마음은 누가 줄까?"

"마귀요."

"그렇지? 슬픈 마음은 하나님이 주신 게 아니야. 그건 마귀가 준 거야. 알았지?"

나는 아이에게 기도하는 법을 가르쳐 주고 직접 해 보라고 시켰다.

"슬픈 마음은 떠나가! 떠나가!"

아이는 경기가 일어날 정도로 한동안 떠나가라고 소리쳤다. 그러더니 "엄마, 슬픈 마음이 이젠 안 생겨요!" 하는 것이 아닌가.

나는 그때부터 아이에게 기도를 가르쳤다. 지금도 아무리 바빠도 자기 전에 하루에 30분씩 아이와 함께 기도하고 말씀 읽는 시간을 갖고 있다. 하루 일과를 돌아보고 회개와 간구, 그리고 때에 따라서는 대적기도도 한다.

지금은 중보기도도 얼마나 잘하는지 고사리 같은 손과 입을 모아 간절히 기도하는 모습을 보노라면 나까지 마음이 촉촉해진다. 순수하고 진실한 아이의 중보기도는 꼭 응답될 것이다.

가정에서 부모들은 자녀에게 기도를 가르쳐야 한다. 그래야 영적인 감각이 깨어나고 믿지 않는 아이들과 어울릴 때도 선악을 분별하고, 다툼이 있더라도 그 배후의 영적 세력을 감지해 친구를 미워하기보다 배후 세력과 싸우는 하나님이 기뻐하시는 방법을 선택할 수 있게 된다.

선포기도문

하나님 아버지!

우리 내면과 우리 삶에서 생기는 문제의 배후에는

영적인 문제가 많다는 사실을 깨달았습니다.

우리 눈에 비늘이 떨어져 영적 분별력을 갖게 하셔서

이제는 혈과 육의 싸움을 그치고

배후에 역사하는 악한 영들과의 전쟁을 준비하는

영적 군사로 굳건히 설 수 있도록 도와주시옵소서.

우리 안에 있는 혈기, 중독, 시기, 질투, 미움, 분노를 일으키는

악한 영을 대적하게 하옵소서.

복음이 들어가지 못하게 방해하는 세력들에 대해

의분을 가지고 일어서게 하시고,

성령의 권능을 입고 예수 그리스도의 이름의 권세와

보혈의 능력을 의지하여 하나님의 뜻을 선포할 수 있는

담대한 믿음을 부어 주시옵소서.

만왕의 왕 되신 예수님 이름으로 기도드립니다.

아멘.

내 안의 묶임과 견고한 진을 무너뜨려라

내가 파쇄기도를 가장 많이 했던 때는 아들이 홀로 유학 생활을 하면서 학업에 대한 스트레스와 영적 공격으로 힘든 시간을 보내던 지난 5년간이다. 그때 내가 아이를 위해 할 수 있는 것은 기도밖에 없었다. 아들을 공격하는 악한 영들을 대적하며 아들 안에 있는 묶임이 풀어지도록 그리고 새 생명과 진리의 빛을 부어 주시도록 집중적으로 기도했다.

파쇄기도의 좋은 점은 바로 상승효과다. 아들을 위해 파쇄하는 기도를 하다 보니 하나님께서는 내 안에 파쇄되어야 할 묶임과 견고한 진들을 보여 주셨고, 그것에 순종해 기도하다 보니 어느새 내 안에 있는 것들도 덩달아 파쇄되었다.

이와 반대인 경우도 있다. 내 안의 묶임과 견고한 진을 파쇄하면 하나님의 빛이 임하고, 그 빛이 나와 영적으로 묶여 있는 사람들, 특별히 자녀와 부모, 배우자를 비추면서 그들 안의 어두움이 저절로 사라져 회복이 일어나는 것이다. 일종의 연쇄반응이랄까.

나는 이를 통해 중요한 영적 교훈을 배웠다. 가정의 문제, 즉 남편이나 자녀 문제로 기도하는 사람들의 경우, 일시적이고 긴박한 문제가 아니라면 일단 남편이나 자녀는 주님께 올려 드리고 먼저 자신을 위해 기도해야 한다는 것이다.

이 같은 원리를 알고 나니 기도하는 게 정말 신났다. 내 안의 어둠이 드러나 파쇄될 때마다 '또 우리 가정에 회복의 역사가 일어나겠구나!' 하는 기대감으로 기도하게 되었다. 묶임이 풀어지고 견고한 진이 파쇄되고 어둠이 물러날 때마다 나에게, 또 우리 가정에 임할 치유와 회복의 축복이 성큼 다가오기 때문이다.

내가 변해야 가족이 변한다

아들을 위해 기도를 시작하고 처음 3년 동안은 정말 힘들었다. 마치 앞이 보이지 않는 컴컴한 길을 홀로 걸어가는 느낌이었다. 그래도 포기할 수 없었다. 사람들은 기도 응답의 시간이 길어지면 쉽게 그만두는 경향이 있다. 기도 가운데 영적인 청사진이 완성돼야 응답이 오는데 선만 몇 번 그리다가 응답이 없으면 그만두는 것이다.

기도 가운데 스케치를 하기 시작하면 처음에는 희미해서 잘 보이지 않지만 시간이 지날수록 그 윤곽이 점점 선명해진다. 그리고 어느 날 생생한 색이 덧입혀지고, 그림이 완성되면 기도 응답이 얼마 남지 않았음을 직감하게 된다.

사실 아들을 위한 기도는 하도 많이 해서 자면서도 할 정도가 됐다. 아들이 회복되는 것에 대한 밑그림을 그리고, 그 위에 색칠을 하고, 때로는 다시 그리기도 하면서 지금까지 왔다. 그러면서 내가 체험한 것은 기도만큼 확실한 투자는 없다는 것이다. 기도는 한 마디도 땅에 떨어지지 않는다.

기도의 시작은 아들을 위한 것이었는데, 하면 할수록 주님께서는 내 안에 있는 어둠을 보여 주셨다. 아들 안에 있는 문제도 파쇄되어야 하지만 내 안에도 깨져야 할 것이 많음을 알게 하셨다. 나는 그리 중요하게 여기지 않던 것들이었지만 하나님의 관점에서는 꼭 다루어야 할 문제들이며, 나의 가정뿐만 아니라 나의 사역의 승패가 달린 문제들이라는 것을 점차 알게 하셨다.

주님은 먼저 나의 불순종을 드러내셨다. 하나님께서 말씀하시면 좋은 것만 순종하고 너무 힘들겠다 싶은 것은 나름대로 각색하여 순종하지 않았던 것들을 보여 주시며 그것으로 초래된 현실의 문제들을 보게 하셨다. 친정집에 복음이 잘 들어가지 않는 이유가 수십 대에 걸쳐 철저하게 제사를 지낸 결과 우상숭배의 영이 우리 가문을 쥐고 있기 때문이라는 것, 부모로부터 내려오는 우울기질도 대물림되는 영적인 문제라는 것도 깨닫게 하셨다.

내가 인식하지 못하고 있던 이러한 묶임과 견고한 진들을 주님께서 하나하나 보여 주시고 가르쳐 주실 때마다 그것들을 파쇄하는 기도를 시작했고, 그럴 때마다 주님의 빛은 나에게 점점 강하게 임했다. 놀라운 것은 이러한 문제들을 가지고 내가 진정으로 회개하며 기도할 때 아들 안에 있던 묶임들도 덩달아 풀어지기 시작했고, 내 안의 견고한 진의 실체를 향해 대적하며 파쇄기도를 하면 아들 안에 있는 견고한 진도 파쇄되면서 놀라운 회복이 시작됐다는 것이다.

정태기 목사는 "머리카락을 뽑아 전자현미경에 넣으면 그 사람의 파장을 추정할 수 있는데, 그것으로 그 사람의 심리에 대한 많은 것을 알 수 있다"고 말한다. 이것은 양자물리학 분야로, 뉴턴의 만유인력, 아인슈타인의 상대성이론을 거쳐 현대 과학의 가장 최신 버전에 해당하는 학문이다.

기존의 물리학은 '물질은 반드시 질량과 형태를 갖고 있다'(질량 불변의 법칙)는 것을 전제로 한다. 그런데 과학자들이 입자를 관찰하면서 새롭게 발견한 사실이 그 물질이 파동, 에너지 형태로 움직인다는 것이다. 이때 나오는 것을 파장이라고 하는데, 이 파장을 분석해 인간의 내면을 고찰할 때 매우 흥미로운 사실을 알게 된다.

예를 들어 파장이 센 사람은 우울증이 잘 생기고 목표 달성에 어려움을 겪는 반면 파장이 잔잔한 사람은 기도하면 응답이 즉각 오고, 목적을 세우면 그것을 이룬다는 것이다. 또 예배당의 뒷자리에 앉은 사람들은 앞자리에 앉은 사람들보다 파장이 거친 사람이 많은데 그런 사람이 앞자리로 옮겨 앉으면 파장이 잔잔해진다고 한다. 흔히 우리가 예배당의 앞자리는 은혜받는 자리라고 말한 것이 과학적으로도 입증된 셈이다. 록펠러의 어머니도 "예배를 드릴 때는 항상 앞자리에 앉아라! 예배의 성공이 곧 인생의 성공임을 잊지 말아라!"라는 말을 유언으로 남겼다고 한다. 록펠러는 이를 실천하려 힘썼고, 이것이 그가 세계 제일의 부자가 된 이유 중에 하나라고 밝힌 바 있다.

파장이 거친 사람은 마음이 불안하기 때문에 술이나 도박, 마약을 하고, 이를 계속 방치하면 정신병이 되거나 다른 심각한 질병의 원인이 되기도 한다. 공부에 집중하지 못하는 아이를 연구해 보니 이 파장이 거칠었는데, 이런 아이들은 쉽게 불안을 느껴 가만히 앉아 있지 못하고 게임에 쉽게 빠진다. 어린 시절 어려움이나 상처가 많은 사람들도 파장이 쉽게 요동치는데 이런 사람은 신경이 예민해져 큰일을 못 하고 제대로 능력을 발휘하지 못하며 집중을 잘 못해 성적 역시 잘 안 나온다고 한다. 이런 사람들이 만약 범죄를 저질러서 교도소에 간다고 해도 파장을 줄일 수 없다면 출소해서 다시 중독에 빠지거나 범행을 저지르게 된다고 한다.

그렇다면 어떻게 해야 이 파장을 줄일 수 있을까? 그것은 본인만 할 수 있다고 한다. 본인의 결단에 따라 달라지며, 강한 의지력을 발휘해서 자신의 파장을 자기가 줄이면 하나님의 축복이 임하게 된다는 것이다.

또 다른 방법은 영적으로 묶임이 있는 가장 가까운 관계, 즉 부모가 그것을 돕는 것이다. 늘 부부싸움을 하는 장로님 부부가 있었다고 한다. 그런 모습을 보고 자란 딸은 매우 신경질적인 성격에 우울증 증상까지 보여 평생 어려움을 겪었다. 70대가 된 부부는 용기를 내어 치유세미나에 참석했는데, 거기서 딸이 겪는 문제의 원인이 자신들의 관계, 곧 부부 갈등에 있었음을 깨달았다. 그들은 회개하고 관계 회복을 위해 기도하며 노력했다. 그러자 놀랍게도 얼마 지나지 않아 딸이 저절로 회복되어 건강해졌다. 그동안 갖은 방법을 다 써 봐도 치유되지 않던 딸이 부부 관계가 좋아져 부모의 파장이 잔잔하게 되자 딸의 파장까지도 잔잔해져 저절로 치유가 된 것이다.

무엇을 파쇄하는가?

영적 세계를 비주얼화해 볼 때, 우리 인간들 위에는 그 지역을 덮고 있는 구름 같은 것이 있는데 그것은 바위처럼 아주 두껍고 단단하다. 이를 일명 영적인 '구름 덮개 층'이라고 부르도록 하자. 이 구름 덮개 층은 그 구름 아래에 있는 세상의 영들에게 영향을 준다. 이와 같은 가설을 뒷받침해 줄 수 있는 말씀이 다니엘서에 나온다.

> 그가 내게 이르되 다니엘아 두려워하지 말라 네가 깨달으려 하여 네 하나님 앞에 스스로 겸비하게 하기로 결심하던 첫날부터 네 말이 응답받았으므로 내가 네 말로 말미암아 왔느니라 그런데 바사 왕국의 군주가 이십일 일 동안 나를 막았으므로 내가 거기 바사 왕국의 왕들과 함께 머물러 있더니 가장 높은 군주 중 하나인 미가엘이 와서 나를 도와주므로 이제 내가 마지막 날에 네 백성이 당할 일을 네게 깨닫게 하러 왔노라(단 10:12-14).

다니엘은 기도 중에 전쟁에 관한 엄청난 환상을 보고 그것을 위해 21일간 금식하며 기도하고 있었다. 그러던 중 힛데겔 강가에서 천사의 방문을 받는다. 천사는 다니엘의 기도가 벌써 작정기도를 시작한 첫날 하나님께 상달되어 응답이 되었다고 전했다. 그러나 기도 응답의 메시지를 가지고 내려오던 중 바사 왕국의 군주, 즉 악한 영들의 방해로 막혀 있다가 미가엘 천사의 도움으로 올 수 있었다며 경위를 설명한다.

이것은 지역을 덮고 있는 어둠의 영에 대해 말해 주고 있다. 13절의 '바사 왕국의 군주'라는 표현은 당시 바사 왕국의 정치적, 사회적, 군사적, 문화적인 배경을 가지고 세상적인 영향력을 행사하는, 이 지역을 장악하고 있는 악한 영적 세력을 말한다.

국가마다 그 지역을 장악하고 있는 세력들이 조금씩 다른데 가까운 일본의 경우 그들이 숭배하는 신이 2만~3만 개에 이른다는 사실로 추정해 볼 때 우상숭배의 영이 강한 지역이라고 말할 수 있다.

사실 한류가 시작된 곳은 일본인데 처음에 한류 배우나 가수들에 열광하는 그들의 모습을 보면서 적잖이 놀랐다. 더군다나 특정 연예인의 생가와, 촬영지 등을 방문하는 것은 물론 그의 사진을 늘 가지고 다니며, 그의 얼굴을 보기 위한 투어에 참가하는 과도한 열성은 우리에겐 익숙하지 않은 모습이다. 그런데 그것이 일본의 우상숭배의 영과 관련이 있다고 생각하니 수긍이 됐다.

중국은 물질숭배의 영과 통제의 영, 미국은 물질과 음란의 영, 북한은 적그리스도의 영과 거짓의 영, 한국은 분열과 자살, 시기 질투의 영이 강한 지역이라고 볼 수 있다.

우리나라 사람들은 머리는 좋은데 하나가 되지 않아 큰 힘을 모을 수 없다는 지적을 받곤 한다. 또 우리에게는 익숙한 "사촌이 땅을 사면 배가 아프다"라는 속담을 일본이나 영어권에는 없는 것을 볼 때, 우리나라 사람들에게 있는 시기와 질투, 분열의 성향은 이 나라를 덮고 있는 구름 덮개 층의 영적인 배경을 반영한다고 볼 수 있다.

한편, 주변에서 일어나는 중독, 폭력, 외도, 자살, 질병과 같은 것들은 그곳의 영적 영역을 누가 장악하고 있는지를 보여 준다고 할 수 있다. 기도가 잘 안 되고 신앙생활에 은혜가 없다면 당신 위에도 어두움의 구름 덮개가 드리워져 있다는 방증이다.

우리의 가정과 교회에 구름 덮개 층이 드리워지면 가정과 교회에 은혜가 흘러가는 것을 막고, 주 안에서 사랑으로 하나되는 것을 저지하며, 우리의 성품이 성결하고 거룩하게 변화되는 것을 방해한다. 이것에 대해 평생에 걸쳐 다양한 영적 전쟁을 치른 사도 바울은 다음과 같이 말했다.

> 우리의 씨름은 혈과 육을 상대하는 것이 아니요 통치자들과 권세들과 이 어둠의 세상 주관자들과 하늘에 있는 악의 영들을 상대함이라(엡 6:12).

집회를 다니다 보면 간혹 이런 경험을 할 때가 있다. 성도들도 친절하고 목사님도 정말 좋은데 말씀을 전할 때 말씀이 튕겨져서 되돌아오는 것이 느껴진다. 그런 집회 후에는 심하게 앓기도 한다. 다음에 소개하는 예화도 내 경험과 비슷하다.

어느 날 한 목사가 집회 인도차 한 교회를 방문했다. 이번이 두 번째였다. 그런데 교회의 영적 분위기가 이전과 비교할 수 없을 정도로 사뭇 달라져 있었다. 그가 이 교회를 처음 방문했을 때는 영이 묶여 있고 뭔가 답답하게 누르는 느낌을 받았다. 그런데 그 답답함이 사라진 것이다. 도대체 무슨 일이 있었던 걸까? 그는 자신을 초청한 교회 목사에게 물었다.

"어떻게 교회가 이렇게 변했나요?"

그 목사는 이전에 방문했을 때는 없었던 새로 부임한 목사였는데, 그간의 사정을 설명했다. 그는 교회에 부임하고 몇 달이 지났는데 영적으로 죽어 있는 교회를 더 이상 두고 볼 수 없다는 마음이 들었단다. 그래서 금식하며 기도하기 시작했다.

일주일이 지난 어느 날 영적인 눈이 열리기 시작하더니 교회 천장이 사라진 모습이 보였고, 그곳에 버티고 앉아 있는 큰 원숭이처럼 생긴 악한 영의 실체를 보았다고 한다. 동시에 악한 영의 권세가 성도들을 얽어매 통제하고 있었다는 사실도 이해되었다. 그 목사는 당장 악한 영에게 명령했다.

"거기서 내려오라!"

그 원숭이는 한 마디도 하지 않았지만 그러고 싶은 마음이 전혀 없다는 듯이 천장에서 내려왔다. 그때 다시 한 번 악한 영을 향해 선포했다.

"거기서 내려올 뿐만 아니라 이곳에서 나가라!"

목사는 그러면서 교회 복도를 가리켰다. 그러자 악한 영이 복도 쪽으로 발걸음을 옮겼다. 악한 영은 몇 걸음 떼는가 싶더니 확실히 떠나기 싫어하는 눈치를 보였다. 그래서 목사는 악한 영이 멈칫할 때마다 "그렇게는 안 된다. 여기를 당장 떠나라!"라고 선포하며 계속해서 현관까지 쫓아갔다. 거기서 머뭇거리는 영을 향해 계속 떠나라는 명령을 하자 악한 영은 결국 포기하고는 길 건너에 있는 나이트클럽 안으로 사라졌다고 한다.

이 예화를 얘기하면 여지없이 성도들은 폭소를 터뜨린다. 아마도 코미디 같은 스토리 구성 때문이기도 하고, 개중에는 '설마 그럴까?'라는 마음에서 그런 반응이 나오리라 짐작한다. 그러나 기도는 하나님 편에 서서 도움을 주는 천사들과 그것을 방해하는 마귀의 시합장이다. 응답받지 못한 기도가 모두 거절된 기도는 아니며, 그중에는 보이지 않는 악한 영의 방해로 응답이 지연된 것도 있다. 다니엘이 승리할 수 있었던 것은 하늘에서 격렬한 전투가 일어나는 동안, 땅에서는 다니엘도 끊임없이 씨름하며 기도했기 때문이다.

어떤 기도를 드리고 있는가?

말씀을 바탕으로 그리스도인의 기도를 세 가지로 나눌 수 있다.

첫째, 연기와 같이 올라가다가 사라지는 기도다. 기도할 때 기도가 로켓처럼 힘 있게 영적인 세계로 올라가야 하는데, 기도하는 사람의 내면의 문제 때문에 연기처럼 스멀스멀 하늘로 올라가다 그만 사라지는 것이다. 이런 기도는 하나님의 보좌에까지 이르지 못한다. 이러한 기도는 자신의 삶에 죄가 있음에도 불구하고 그것을 다루려고 하지 않는 사람들의 기도라고 할 수 있다.

예를 들어 어떤 사람이 누군가를 용서하지 않고 있다고 하자. "나는 그를 절대로 용서할 수 없어!"라 한다면 그의 마음의 죄로 인하여 기도의 불이 살아나지 못한다. 이때 성령님은 계속 우리에게 "용서하고 잊어라"고 말씀하시는데, 그럼에도 불구하고 그것을 받아들이지 않는다면 악한 영들은 여러 가지 생각을 계속해서 심는다. 자신의 억울함이 생각나게 하고 자기가 받은 상처만을 기억나게 하는 것이다.

또는 은밀하고 지속적인 죄의 문제를 가지고 있을 때 아무리 예배나 기도 시간에 성령께서 "이제는 끊어 버려라!" 하고 책망하셔도 "그것을 끊으면 무슨 재미로 사나?"라는 마음으로 자신을 정당화시키며 성령님의 감동을 무시하고 이중생활을 할 수 있다.

그러면 기도를 하거나 성경을 읽을 때, 설교 시간에도 혼미하기만 하다. 악한 영들은 점점 더 그 틈을 파고들어 이전에 기도를 통해 열어 놓았던 영적 구름 덮개 층을 다시 서서히 덮어 버린다. 이와 같이 기도의 응답은 우리 내면의 문제와 긴밀한 관계가 있다.

둘째, 믿음 없이 드리는 기도다. 정결한 삶을 살지만 두려움이 있는 사람들의 기도인데, 믿음이 없기 때문에 기도하면서도 응답에 대한 확신 없이 드리는 기도다. 이런 기도는 바위 같은 영적 구름 덮개 층까지 이르지만 그것을 뚫지 못하고 곧 꺾여 버린다.

아무리 많은 시간을 들여 열심히 기도한다 할지라고 하나님에 대한 분명한 지식과 이해, 그에 상응하는 믿음이 없이 중언부언하는 기도를 하면 그 기도는 구름 덮개 층을 뚫고 하나님의 보좌까지 올라가지 못한다. 여기서 다시 한 번 우리의 기도 생활에 믿음이 얼마나 중요한지를 깨닫게 된다.

오직 믿음으로 구하고 조금도 의심하지 말라 의심하는 자는 마치 바람에 밀려 요동하는 바다 물결 같으니 이런 사람은 무엇이든지 주께 얻기를 생각하지 말라 두 마음을 품어 모든 일에 정함이 없는 자로다(약 1:6-8).

셋째, 불로 가득 찬 열기와 같은 기도다. 이 기도는 영적 구름 덮개층을 뚫고 올라가는 기도, 즉 영적 파쇄를 일으키는 기도다. 이러한 기도는 하나님에 대한 믿음과 응답에 대한 확신을 가지고 하는 기도다. 또한 간절하고 끈질긴 기도이며 성령의 임재와 인도를 받으며 하는 기도다.

이런 기도를 매일 지속적으로 하다 보면 점차 자신의 영은 강해지고 하늘로부터 빛이 임하기 시작한다. 그리고 그 빛은 점점 강력해져서 불기둥이 되어, 우리 위에 있는 영적 구름 덮개 층을 녹여 구멍을 뚫게 된다. 이것을 달리 표현하면 '하늘 문이 열린다'고 할 수 있다.

장자의 축복을 가로챈 후 에서에게서 도망친 야곱이 밤에 자신 앞에 하늘 문이 열리며 천사들이 오르락내리락 하는 것을 보았고, 거기서 살아 계신 하나님을 만났다. 야곱은 그곳을 벧엘이라고 명명했다. 벧엘은 '하나님의 집', '하늘의 문'이라는 뜻을 가지고 있다.

어쨌든 이렇게 뚫린 구멍을 통해 내려온 불기둥은 우리에게 성령과 불로 임하게 되고, 천사는 불기둥을 통해 메시지와 기도 응답을 가져온다. 미가엘 천사는 천사장으로 영적 전쟁을 수행하고, 가브리엘 천사는 하나님의 자녀를 돕는 일을 하며, 라파엘 천사는 치유를 돕는 일을 한다.

이러한 기도의 열정과 갈망을 가진 사람들이 가정과 교회에 모여 함께 뜨겁게 기도하면 우리의 가정과 교회 위에 드리우던 어두움의 구름 덮개가 녹아내리고 하늘 문이 열리며 기도가 상달되고 응답되는 쾌거를 맛볼 수 있게 된다.

또한 이 불기둥은 우리의 죄를 녹여 성결하게 해 줄 뿐만 아니라 이런 사람이 움직이는 곳에는 그 불기둥도 따라간다. 그리고 이런 기도를 하는 사람과 접촉하는 사람들도 하나님의 임재 가운데 들어오도록 해 준다. 또 주변의 모든 어둠을 약화시키기 때문에 이런 사람들이 전도할 때 쉽게 복음이 들어가고, 기도할 때도 강력한 역사가 일어나며 하나님의 보호를 받게 된다.

이러한 영적 전쟁을 치르고 영적인 파쇄가 일어나면 그곳에 복음의 빛이 들어가고 자신의 인격이 변화되며 영적인 성장이 일어난다.

> 그 중에 이 세상의 신이 믿지 아니하는 자들의 마음을 혼미하게 하여 그리스도의 영광의 복음의 광채가 비치지 못하게 함이니 그리스도는 하나님의 형상이니라(고후 4:4).

집에서 많은 시간 기도하기 시작한지 3년째 되던 해였다. 하루는 가사를 도와주는 도우미 아주머니가 이런 말을 했다.

"이 집은 할 일이 많아 너무 피곤한데 신기하게도 저녁에 갈 때는 몸이 가벼워져요. 사모님이 기도를 많이 해서 그런가 봐요."

사실 이 얘기를 한 사람한테만 들은 게 아니다. 그분은 안 믿는 분이었는데 그 이유를 설명하고 전도했더니 바로 예수님을 영접했다.

하나님의 임재가 있는 곳에는 복음이 쉽게 들어가고 믿지 않는 자에게도 멍에가 약해진다는 것을 그때 실감했다.

매일 기도의 제단을 쌓으라

기도의 능력을 체험하기 원한다면 매일 정해진 시간에 기도해야 한다. 시간을 정해 두지 않으면 이런저런 이유로 기도할 수 없고, 열렸던 하늘 문도 점점 막히게 된다. 아울러 기도 시간은 전심으로 하나님께만 집중하고 아무것에도 방해받지 않는 시간으로 잡아야 지속적으로 기도할 수 있다.

때로 우리는 기도하면서 좌절할 때가 있다. '저 사람은 기도하면 응답받는데 왜 나는 몇 년 동안 기도해도 응답받지 못하는가?'라는 의구심이 들기도 한다. 그럴 땐 다음 사항을 점검하면 좋다.

첫째, 하나님의 때가 아닐 수 있다. 이럴 때는 더 기도를 쌓아야 한다. 둘째, 먼저 하나님께 다뤄져야 할 자신의 죄의 문제를 간과하거나 믿음 없이 기도하지는 않은지 점검해야 한다. 셋째, 불같은 기도로 하늘 문을 여는 데 게을리 하지 않았는지 점검해야 한다. 넷째, 우리가 기도를 시작하면 어둠의 영들은 비상벨을 울리며 방해 공작을 펼친다. 기도의 초보단계일 때는 기도를 시작할 때 딴생각이 들게 하거나 기도하지 못하도록 갑자기 일이 생기거나 분주하게 만든다. 또한 기도가 무르익어 강력한 기도가 되려고 하는 순간 휴대폰 벨이 울린다든지 가족들에게 급한 일이 생겨 기도를 중단하게 만든다.

우리는 이러한 방해 공작을 뚫고 각자 기도의 자리로 돌아가 기도의 무릎을 꿇어야 한다. 교회의 중보기도와 가정의 기도 모임을 통해 기도의 제단을 쌓을 때 하늘 문이 열리며, 기도에 대한 이러한 이해를 갖고 있는 사람들이 하나둘 모여 기도하면 놀라운 하나님의 역사가 일어난다.

또한 가족이 함께 모여 기도의 제단을 세울 때 영적 전쟁을 훨씬 수월하게 할 수 있다. 가정이 파괴되면 교회의 미래인 다음 세대를 잃어버리게 된다. 그래서 사탄은 수많은 기독교 가정을 공략한다. 지금 부모 세대들은 주님에 대한 헌신과 결단이 있지만 다음 세대를 책임질 아이들에게는 헌신과 결단이 없으며 기도를 모른다. 부모 세대가 기도를 가르치지 않았거니와 세속적인 가치관으로 양육한 탓이다.

우리는 가정으로 돌아가 기도의 제단을 쌓아야 한다. 우리가 자녀들에게 줄 수 있는 최상의 것은 가정 안에서 그들이 하나님께만 인생의 닻을 내릴 수 있도록 돕고, 유일한 피난처인 하나님의 임재 가운데로 매일 나갈 수 있도록 해 주는 것이다.

이 사람 저 사람을 만나 상담을 받으며 도와줄 사람을 찾아 시간을 허비하지 말고 기도의 제단으로 나아가라. 깨어 기도함으로써 많은 기도 응답과 축복을 받기를 소원한다. 성령께서 초청하시는 기도의 자리로 지금 나아가라.

파쇄기도문

하나님 아버지!

지금까지 기도의 영적 원리를 알지 못해 깨어 기도함으로

하늘의 통로를 항상 열어 놓지 않았음을 알았습니다.

그리고 그 때문에 우리에게 하달되던 응답과 축복을

잃어버렸음도 알았습니다. 안타까움을 금할 수가 없습니다.

나의 연약함, 가정의 문제, 가계로부터 대물림되는

고질적인 문제를 한탄하고 원망만 하는 것이 아니라

우리 위에 있는 구름 덮개 층을 녹일 수 있도록

다니엘과 같이 긴절히 기도하며 나아가겠습니다.

결코 나의 죄성을 다루는 데 게을리 하지 않고 믿음을 가지고

간절함과 끈기로 불같은 기도를 드림으로써

모든 묶임과 견고한 진들이 파쇄되어

하나님의 빛이 나와 우리 가정 안에 들어올 수 있도록

그리고 나아가 조국 교회와 이 민족 가운데 임하도록

간절히 기도합니다.

우리의 대장 되시는 예수님 이름으로 기도드립니다.

아멘.

우리의 씨름은 혈과 육을 상대하는 것이 아니요
통치자들과 권세들과 이 어둠의 세상 주관자들과
하늘에 있는 악의 영들을 상대함이라

참고문헌

《기도》, 리처드 포스터, 두란노

《신앙고전 52선》, 리처드 포스터, 두란노

《감사의 힘》, 데보라 노벨, 위즈덤하우스

《평생감사》, 전광, 생명의말씀사

《능력 충만의 비결》, R.A. 토레이, 생명의말씀사

《허드슨 테일러와 기도의 거장들》, 허드슨 테일러 외, 죠이선교회

《스릴 있고 성취감 넘치는 중보기도》, 조이 도우슨, 예수전도단

《철인》, 다니엘 김, 규장

《기도와 금식의 놀라운 권능》, 마헤쉬 차브다, 큰믿음

《사랑만이 기적을 만든다》, 마헤쉬 차브다, 예루살렘

《능력있는 기도》, 제시 펜 루이스, 두란노

《영을 분별하는 그리스도인》, 제시 펜 루이스, 예수전도단

《스크루테이프의 편지》, C.S. 루이스, 홍성사

《성령세례》, 마틴 로이드 존스, 기독교문서선교회

《인간 그 미지의 존재》, 알렉시 카렐, 문학사상사

《보혈의 능력》, 맥스웰 화이트, 은성

《Understanding the Blood of Christ》, David Alsobrook, Sure Word Ministries, Incorporate Sovereign World, Ltd

《호흡기도》, 정원, 영성의숲

《심령이 약한 자의 승리하는 삶》, 정원, 영성의숲

《부르짖는 기도》, 정원, 영성의숲

《십자가 보혈의 능력》, 김종주, 치유와영성

《어둔 밤》, 십자가의 성 요한, 바오로딸

《야베스의 기도》, 브루스 윌킨슨, 디모데

《성령의 불 속으로》, 안재호, 베다니출판사

《금식기도의 능력》, 마릴린 히키, 생명의말씀사

《사탄의 전술전략》, 쿠르트 코흐, 예루살렘

《당신의 생각이 바뀌야 바뀐다》, 데이비드 홀든, 예수전도단

《기도》, 오스왈드 챔버스, 토기장이

《부르짖는 기도》, 빌 가써드, 생명의말씀사

《말을 바꾸면 삶이 바뀐다》, 조이스 마이어, 두란노

《치유와 권능》, 손기철, 두란노

《성령의 권능이 임할 때》, 프랜시스 맥너트, 예루살렘

《알고 싶어요 하나님의 나라》, 손기철, 두란노

《알고 싶어요 하나님의 의》, 손기철, 두란노

《엄마 울지 마》, 황경애, 수엔터테인먼트

《중독의 성경적 이해》, 에드워드 웰치, 국제제자훈련원

《기도의 회복》, 강은혜, 두란노

《메시지》, 유진 피터슨, 복있는사람

《주님은 나의 최고봉》, 오스왈드 챔버스, 토기장이

《힐링코드》, 알렉산더 로이드 외, 시공사